U0016301

心的強大，才是真正的強大

許峰源 著

推薦序

這樣的年輕人！

《商業周刊》創辦人　金惟純

日前應邀回母校政大參加 TEDxNCCU 活動，同台演講的一位年輕人讓我印象深刻。不僅因爲他強有力的訴說「成功」經驗，更在於他「成功」後發願助人並付諸實踐，十分難得。

我很好奇，在這樣的時代，能孕育許峰源這樣的青年，他的人生動力從何而來？正巧他送我一本半自傳的書《年輕，不打安全牌》，和一本即將出版的《心的強大，才是眞正的強大》書稿，其中透露出清晰的答案。

許峰源的父親沿街叫賣臭豆腐，撫養五個小孩，他自己十一歲就到市場擺地攤分擔家計，一路奮發求學，考上台大法律系。毫無疑問，貧窮是他主要的人生動力來源。

但出身窮家的孩子很多，卻未必都有出息。許峰源的第二個人生動力，顯然是孝順。

他念大學時，父親罹癌，他發願取得律師資格；其後母親罹癌，他又發願創立律師事務所……一路走來，孝順父母始終是主要動力來源。甚至在父母相繼往生後，「榮耀父母」仍是他追求成就的莫大動機。

接下來該問的是：許峰源這樣的孝心，從何而來？當然，本性純良是一定的。除此之外呢？

書中有這麼一段：一個颱風天的夜晚，他母親叫他送泡菜給父親……看到父親在大雨中穿梭於店家賣臭豆腐，全身濕透，見到他時，卻只說：「你怎麼會送來？我等一下再踩三輪車回家載就好；你吃飽了沒？功課寫了嗎？快回家去念書。」這樣的父親，讓孩子如何能不孝順？

許峰源的母親臨終前，講出一句非常有智慧的話：「要和你們結這個父母緣，是很辛苦的。」道盡了人生的奧秘。

孩子的成就，來自孝心，孝心則來自父母的德行。父母的德行，無關乎成敗，而在於勤勞樸實的人生觀，出於愛而不懈的堅持，永不放棄。父母基於對子女的愛而成就自身德行，子女因父母的愛和德行而生出孝心，因孝心而得到成就，這就是父母、子女間的緣分。這緣分，有時很辛苦，但辛苦得無比殊勝。

無怪乎，這樣的父母養出的許峰源，能說出這一段話：「只有爆炸性的壓力，才會帶來爆炸性的進步；適當的壓力，只是偷懶的開始。」這話聽在如今處處講究合情合理的年輕人和父母耳中，必定深感震撼而無所適從。

問題的關鍵，不在壓力的有無、大小或多爆炸，而在於承受者是誰。爲人父母其實只有一件事，就是一定要養出孝順的孩子；養出孝順孩子的法子只有一個，就是自己得先有德行。如此而已，其餘都是多說的。

（本文原刊載於1367期《商業周刊》）

各校校長強力推薦

本書以眞實故事的啓發，讓你成爲生命的強者！

——台科大校長　廖慶榮

本書可以啓發年輕世代正向、積極、良善的精神。

——高雄中學校長　謝文斌

心的強大，才是眞正的強大！完全由「心」來主宰，由「心」來決定自己的未來，所謂人者心之器也，這是許律師的成功經驗，也是他人生的通關密碼。許律師來自貧寒家庭，年輕的歲月培養出刻苦耐勞、勤儉樸實的本性，孟子曰：「養心莫善於寡欲。」克制不當欲望的誘惑，從學習中找到興趣，也從成就中展現自信，最後才能達到眞、善、美、新的人生境界。

這是一個變動劇烈的時代，同時也是一個偉大的時代，青年們要勇於創造屬於自己的時代，擇善固執、堅持做對的事，掌握契機，勇於表現，誠意正心，才能修齊治平。今日願藉許律師成功故事一角，來勉勵所有青年學子都能逆風而起，無畏眼前的小小挫折，懷抱一顆堅定的心及偉大的目標，相信成功的到來只是遲早而已。

——復興商工校長　王志誠

年少輕狂之時，父母、師長的諄諄教誨未必聽得入耳；在社會中奮鬥打拚時，往往被現實環境所困而失去自我。

許律師以一篇篇真實的案例，和我們分享其豐富的人生閱歷。他人的生命故事，也可能是你我的真實人生。讓我們有機會再次省思自我，並找回最初的真心！

——臺北市立大安高工校長　陳清誥

自序

擁有強大的心，再多苦痛、再大壓力也不怕！

我認爲，一個最強大的人，並不是擁有亮麗的學歷、傲人的財富、權力，而是有著極爲特殊的「思維」，擁有一顆「強大的心」！

我認識許多成功的企業家，都有著與一般人極爲不同的「思維」，也就是這些異於常人的思維，讓他們得以在高度競爭、混亂的商業社會裡，脫穎而出，達到事業高峰，獲得令人稱羨的財富、地位。

思維，決定命運！

我們這個世代的年輕人，遭遇到人類史上最競爭的時代，學歷高速貶值，房價、物價卻極速攀升，經濟環境從台灣奇蹟變成低迷、沉淪的台灣經濟教訓。

「我們該怎麼辦？」

這是我在演講時，年輕人最常問我的問題。

我只是一位臭豆腐小販的兒子，從小生長在社會底層，一步一步靠自身的奮鬥努力，達到目前小小成績，雖然沒有鉅富，但至少獲得財富自由，生活無虞。如果你問我這其中最關鍵的原因是什麼，我會告訴你：

是「思維」，也就是你的「心」！

當年我讀三重高中時，告訴全校師生，我會考上台大法律系，沒有人相信，但我做到了！

當年我讀台大法律系時，告訴所有人，我應屆就會考到律師，沒有人相信，但我做到了！

當年我才剛實習完律師訓練，因爲家裡經濟因素必須創業，沒有人看好，但我做到了，我成功創辦法羽律師事務所！

當年我向自己立誓，要讓罹癌的母親往生前，搬離三重豆干厝，住到一間像樣的房子，沒有人看好，但我做到了，我成功在26歲時買了人生第一間房子！

當我撰寫第一本書《年輕，不打安全牌》時，大家都說，現在書市很不景氣，一定賣不好，但我做到了，《年輕，不打安全牌》獲得許多迴響，還擠進連鎖書店的排行榜。

當我告訴大家，我要成爲一位「作家」時，大家都認爲我放棄令人稱羨的律師工作，去從事一個99%可能會失敗的作家之路，肯定頭殼壞掉了，而且注定失敗。

但，這就是我！我對我自己選擇的人生負責，我永遠不安於現狀，不滿足任何擁有的成就，我總是不斷挑戰自己、嘗試自己的無限可能，當我衝破極限時，我又再一次遇見了「全新的自己」！

爆炸性的壓力，才有爆炸性的進步！

從小生長的匱乏，或許辛苦；在很年輕時就遭遇父母病故，或許不幸；白手起家創業，或許艱辛；但因爲從歷練中一點一滴累積的思維，讓我擁有一顆強大的心，讓我擁有發自內心堅實的自信！

強大的心，讓我能挺直脊梁，縱使背負千鈞的壓力也不彎腰；讓我的眼神堅毅，縱使眼前煙霧迷濛也不迷茫。縱使看不見遠方，但讓我心中有遠方的模樣，縱使看不到希望，但我知道，只要持續努力，就會慢慢靠近夢想！無論我經歷的苦痛再多，承受的壓力再大，我都充滿自信，因爲我有強大的心！

強大的心，讓我堅信，我的選擇錯不了，我選擇冒險的人生之路錯不了，我選擇成爲「作家」之路絕對錯不了！

在我自己定義的成功裡，我認爲最高層次的成功，不是賺很多很多的錢，或者創辦一間很大很大的公司，而是因爲我的思維影響了無數的人，改變了無數人的命運！

這也就是我寫這本書的核心動力。我希望透過我經歷的商場故事，與各位讀者分享每個故事背後的關鍵「思維」。或許我的文筆不好，但我重視自己親筆寫下的一字一句背後所代表的意義，期盼用最樸實的文字，對你有所啓發，讓你的生命過得更好、更有意義。

我有一個夢，我知道自己只是一個出身社會底層的小人物，不敢奢望可以改變世界，但我衷心期望，透過我一生的努力、奮鬥、成就、思維，正向影響無數人，讓大家擁有更「強大的心」，讓更多人獲得更幸福的人生。

有一天，當我離開人世時，我希望可以在墓碑寫下這段話，形容我一生的成就：

「許峰源一生的奮鬥及思維，正向影響了無數人，改變了無數人的命運。」

我是「作家」許峰源。

謹以本書，向我已逝的父母表達最深的思念，向我最愛的老婆、虎妞妞、小菩提，還有三位姊姊、姊夫、岳父、岳母表達謝意，沒有你們默默的支持，我無法勇敢向作家之路邁進。

更感謝何麗玲小姐、朱水源先生、胡靜怡小姐、張萬成先生、劉純宏先生，以及三重三陽扶輪社的社友大哥們，對我的嚴格訓練、教導、栽培、提拔，沒有您們，斷不可能有今天的我，由衷感謝您們。

Part 3

街頭社會學歷練出的智慧

Part 4 只有愛，才能成就偉大

PART 1
人生最大的風險，就是你不冒險

人生最大的風險，就是你不冒險

有一天，我和地產大亨蔡董在辦公室泡茶，蔡董突然問我：「峰源，你覺得自己很會賺錢嗎？」

雖然我和很多大老闆比起來還差很遠，但至少在同輩中我算很會賺錢了。因此，我帶著微笑自信地回答蔡董：「雖不滿意，但還可以接受。」

「你欠過人家錢嗎？」蔡董接著問我。

「沒有耶，我沒有跟別人借過錢。」

「峰源，你想一下，如果你欠人家一億，你還得起嗎？」蔡董突然嚴肅起來。

「欠一億！」我嚇一跳，差點把茶噴出來。這麼多錢怎麼還得起？光一年利息就要好幾百萬！

「如果你負債一億，你還能用現在的賺錢技能等級去還清負債嗎？」

「不可能！一定得找出其他更強的賺錢之道，不然不可能還清。」

「所以，你如果滿足於現狀，能承受未來遭遇的重大財務風險嗎？你眞的激發出你所有潛能了嗎？」

蔡董和我分享了他們家族當年的故事：在民國八十幾年時，遭遇重大財務危機，結果沒有挺過來，倒了！父親因經不起沉重打擊，沒多久就病逝了！結果讓他背負了近十億的負債，每年利息上千萬！當年他才三十幾歲……

他知道，如果他上班領薪水，根本不可能還清負債，甚至連利息都還不起，他唯一的機會就是創業！

他把家裡僅剩的土地拿出來抵押，進入地產開發領域闖蕩，利用以前父親留下來的人脈關係狠拚一把。幾年後，他終於有能力開始清償十幾億的「本金」，而不是只還利息，這代表他一年可以賺到幾千萬了……

後來，他在地產領域經驗逐漸豐富老練，每年可以賺上億元，十幾年後，他竟然把當年十幾億的本金全部清償完了！

經過近二十年後的現在，不但沒有負債，還累積了數十億的身家，每年甚至以好幾億的速度增長著！

他的故事是一個傳奇，給我很大的震撼，更給我深層的啓發……

當年，我因為立誓要在母親肺癌病逝前，拚到一間房子給她住。雖然我只不過是剛考上律師證照的菜鳥律師，創業成功的可能性微乎其微，但我仍毅然決然離職創業，白天當律師，晚上及假日跑遍全台灣當補習班老師。經過幾年的努力，加上許多善緣及貴人的提拔、栽培，我在二十六歲時，用盡我所有積蓄，買下人生中第一間房子給我母親住，完成了我的誓言！

母親病逝後，我突然發現，經過幾年的冒險、奮鬥，在不知不覺中，我的財富累積速度已經遠遠勝過同輩的年輕人……

如果沒有當年的特殊環境壓力，逼迫我走上一條「不安全」的路，就沒有我現在的事業基礎。這一切正好印證我第一本書的書名《年輕，不打安全牌》！

當年那個關鍵的創業決斷、大膽的放棄，以及跨領域冒險的勇氣，加上前輩提拔的機緣，改變了我的思維、我的人生……

決定人的一生，往往就在那一刻的決斷！

二十年前，夜校高職生白天到銀行上班，可以領到月薪二萬八千五百元，加上全勤一千五百元，一個月可以領到三萬元，而台北東區房價一坪是四十萬。

二十年後的現在，大學畢業生辛苦考上大學，繳了史上最貴的學費，畢業後卻找不到工作，好不容易找到了，月薪只有25K，而且很有可能不是正職，只是約聘僱或沒有保障的派遣工！更可怕的是，台北東區的房價已經來到一坪一百六十萬了……

這無疑是一個很壞的時代，一個讓年輕人喪失希望的時代……

但我認爲，雖然我們這一輩的年輕人遭遇這個混亂、經濟低迷的時代，但也正是這樣的時代，逼迫我們走上「不安全」的路，強迫我們學習成長，迅速爲自己的人生努力、奮鬥、負責！正是這樣混亂的時代，我們才有放手一搏的機會，有證明自己能耐的機會！

亂世才能出英雄！

《年輕，不打安全牌》是我寫的第一本書，原本它只是我從小到大的奮鬥精神，是我性格的最佳描述。但現在我認爲，它是在變動如此劇烈的時代裡最關鍵的思維，最重要的「生存法則」！

「年輕，不打安全牌」，是亂世的關鍵生存思維！

安於現狀，是一種人性，是一種在「舒適圈」裡待久了的態度。畢竟，改變是痛苦的，脫離舒適圈是違反意志的，但待在舒適圈裡，真的會比較「安全」嗎？

我曾經應徵一個打字工讀生的職缺，竟然在應徵者名單中看見我一位國中同學！我的同學竟然來應徵當我的員工！我仔細看了一下，她出社會近十年來，所有的工作經歷竟然都是「行政助理」！

或許對於一個剛出社會的年輕人來說，從行政助理學起也不錯，但如果你在職場上混了十年，卻仍然是行政助理，那這十年，你做了什麼努力、什麼改變？你在舒適圈裡過得太久了吧？在舒適圈裡真的安全嗎？

相信我，如果你現在走的路很安全，你的將來必定不安全！

如何判斷你現在是否正待在充滿危機的「舒適圈」？很簡單，只要你認真地問自己，自己現在的職位、收入，如果五年後還是同一個職位、收入，是正常的嗎？是自己可以接受的嗎？

如果不是，代表你必須很嚴肅地思考：該改變自己了，該走出舒適圈了，該挑戰自己能耐的時刻到了！

「年輕人不要試圖追求安全感，特別是年輕的時候，周遭環境從來都不會有絕對的安全感，如果你覺得安全了，很有可能開始暗藏危機。眞正的安全感，來自你對自己的信心，是你每個階段性目標的實現。而眞正的歸屬感，在於你的內心深處，對自己命運的把控，因爲你最大的對手永遠都是自己。」

——李嘉誠

未來的世界變化速度是難以想像的！我常跟學生說：「**未來的世界是要學習如何學習！**」未來的工作內容，可能現在都還沒有出現，例如我小時候如何想像有臉書這種東西呢？你不太可能只用過去所學在社會上混一輩子，因此改變、冒險、挑戰，已經不是只爲了過更好的日子，而是爲了生存！否則，你只能等著被淘汰！

學歷只能代表過去，只有學習力才能代表將來。

很多人會問，既然要「不打安全牌」，要改變，要冒險，那要怎麼做？

我認爲，想要在未來的世界裡生存，必須花上許多時間認識自己，探索自己，發掘自己，到底自己內心深處眞正的「熱情」及「天賦」是什麼？找出熱情與天賦結合的「天命」，勇於跨出舒適圈，去培養、發展你的天命，這樣你才能經得起一切動盪，並堅持下去！

有人又會問，「天命」眞的會賺錢嗎？

我常反問，那你覺得什麼是賺錢的？你適合賺那個行業的錢嗎？現在賺錢，五年後呢？十年後呢？

在我看來，這世界上沒有什麼行業是會賺錢或不會賺錢，而是看誰去做。什麼人吃什麼飯，都是天注定好的。重點是，你到底天生注定吃哪一行飯？也就是你內心「最熱愛」、而且「最擅長」的是什麼？那就是你的「天命」所在！

或許，你會不捨目前擁有的工作收入、資歷，但如果它和你的「天命」相違，你所堅持的一切，將無法讓你挺過人生的難關、世局的動盪，而且可能在不久的將來，成爲你後悔的回憶！

當你固守原點、害怕改變與冒險，失去的將是更多成功的機會，以及讓自己人生「更性感」的勇氣！

其實，人生在不同階段，有不同的工作、事業很正常，但當你傾聽內心自己的聲音後，覺得該改變了，該轉型了，請珍惜你的直覺，不用眷戀，讓每個階段性的旅程安靜地結束，這才是讓自己邁向全新自我的關鍵思維！

眞的不要覺得放棄很可惜，相信我，只要你努力過，你不會有一天是白過的，任何你曾經努力過的痕跡，都將在某個關鍵時刻串聯起來，產生爆炸性的競爭能量！

我擺過路邊攤、當過羽球用品業務、補習班老師和律師、開過律師事務所、擔任上市公司的獨立董事……成爲一位作家！這一切看似沒有關連，但我認爲，每個不同階段都帶給我不同的經驗、啓發，讓我認識內心眞實的自我，當這一切串聯起來後，造就了目前的我！

「你不可能有先見之明，只能有後見之明。因此，你必須相信，這些小事一定會和你的未來產生關連。你沒辦法預見這些點滴如何連繫，唯有透過回顧，可以看出彼此的關連。所以你必須相信，無論如何，這些點滴會在未來互相連結，有些東西你必須相信，像你的直覺、天命、人生、因果，諸如此類種種。」

——賈伯斯

從今天開始，認眞思考一下，當你打著安全牌，每天忙碌掏空著自己的青春，只換來25K，可能連塡飽自己肚子都很困難，如何養父母、買房、結婚、生子？更遑論實現自己的夢想。

一轉眼，已經出社會很多年了，我們到底獲得什麼？除了努力把自己打扮得光鮮亮麗，好像過得還不錯，堅持不可碰一根寒毛的尊嚴外，我們還剩下什麼？

我們失去的不是別的，是最最珍貴的青春，還有勇氣！

當你連爲自己人生放手一搏的勇氣都沒有，命運已經決定，生存機會、空間將會以不可思議的速度流逝！

人生最大的風險，就是你不冒險！

想把事辦好，要先學會處理人的問題

柯董在大陸深圳經營規模龐大的餐飲集團，希望聘請我當他們大陸公司的顧問，要我陪同他一起去開會。

他們是一間「中外合資公司」，依照大陸法律，中外合資公司有著高度的制衡設計，股東間自然會產生某種程度的緊張關係。公司經營需要專業律師，免得遭遇法律糾紛。但柯董又信不過大陸律師，希望找一位自己信得過、又懂大陸法律的台灣律師，所以他就想到我。

只是聘請顧問一事，特別是台灣人，柯董擔心會讓大陸股東有所顧忌，所以打算先安排我過去一趟，先認識公司董事會的各位成員。

飛機降落深圳寶安機場，外面已經有好幾輛黑頭車等著我們。過了半小時，我們抵達大陸大股東吳董安排的接風宴，這是一家很高級的餐廳。現在大陸人宴客，講究的是排場，那菜色可是豐盛到了一種極致！吳董在深圳的官方關係非常好、有勢力，所以當時柯董和他合作，生意很迅速地拓展。只是企業一旦蓬勃發展，很多利益分配問題就會產生，這就是目前緊張關係的原因所在。

這是我和吳董的第一次見面，我可以明顯感受到他對我帶有敵意的陌生感，但雙方還是很客套地交換名片，也開始閒聊了起來。在閒談的過程中，我發現吳董是個書癡，喜歡蒐集書，這也難怪，過去大陸對於書籍的出版管制很嚴格，想看本好書眞是不容易。我無意間聽到，吳董一直在找尋的一本書，叫做《論土地改革》，是香港中文出版社在民國46年出版的，他找遍中國、香港都找不到這本書，託台灣友人也找不到，包括我們的柯董……

柯董說：「吳董，你怎麼還是對這本書念念不忘，我們認識六年多了，我也已經聽你講了六年多了。」

「唉呀，這本書我看過一小部分，寫得眞是好啊，論點清楚有力，更重要的是，雖然它是幾十年前出版的，但目前爲止的經濟發展都跟它書裡寫的相差無幾！」

這個話題，很快就被大家酒杯敬來敬去給帶過了。後來，柯董跟大家說：「許律師是台灣的羽球高手，聽說吳董平常也熱愛打羽毛球，也許你們可以切磋切磋。」吳董有些不屑地說：「柯董，每次你帶來說會打羽毛球的台灣朋友，到了球場沒幾下就被修理得清潔溜溜。唉，看來這水平還是有很大的落差呢！」

柯董還是要我跟他打，別漏氣。所以我立刻拿錢請司機去幫我買球鞋、球衣，讓我明天到羽球場和吳董較量較量。雖然在來深圳之前，我壓根沒想到要打球……

隔天吳董親自來接我，到了球場後，吳董囑咐我，等一下打球盡力就好，不要勉強，羽毛球很激烈，可千萬不要受傷啊！聽到這話，讓我有些無言……

經過熱身後，吳董已經發現「苗頭不對」，這小子好像「有練過」，和之前來的初學者不同。吳董很「識相」，只安排其他球友跟我打，當我一場又一場贏球後，他決定請球場的教練來跟我打，經過一場激烈的拚鬥後，我還是贏了！

這時，吳董很興奮，他開始懷疑我眞的是律師嗎？還是羽球教練？一直拉著我，要我指導他的球技，特別是反手拍的擊球技巧。從那時開始，我們每天早上一起開會，下午吳董就拉著我去球場打羽毛球，晚上再一起參加公司的應酬餐會，每天黏在一起。我發現吳董是位球癡外加書癡，我正好也是球癡外加書癡，所以我們有講不完的話題。

經過五天的相處，我和吳董已經不再像剛見面般生疏，他對我的敵意也消除不少，所以柯董在最後一天董事會上，正式提案聘請我爲公司顧問，結果很順利地通過了。這連柯董都感到很意外，因爲在他的認知裡，吳董是一位很難搞的老闆，沒想到竟然會這麼順利！

隔天我們即將返回台灣，吳董親自送我們到機場，並送我幾本我最愛的歷史書籍。

這時，我神秘地從包包拿出一本書，吳董一見，久久講不出話來，因爲那本書，就是他夢寐以求的《論土地改革》！

由於這本書已經絕版，他遍尋多年不可得，欣喜若狂，不斷詢問我如何拿到手，我只是笑了笑，希望他會喜歡這個「小禮物」！

後來，我和吳董一直透過微博保持連繫，每當我去深圳開會，我們就是不斷打球，討論最近出版哪些好書。因爲取得公司重要人物信任，我在公司的地位逐漸穩固，加上我自身努力的專業表現，已經不像剛開始如同「空降部隊」被人處處提防。經過一段時間後，公司的法律問題由我統籌處理，這讓推薦我的柯董感到放心不少。此外，我因爲和吳董交往、打球，經由他引介認識了更多當地的官員、商界人士，不但拓展視野，更增加了人脈的深度和廣度。

「想在商業上取得成功，首先要會做人，因爲世情才是大學問。世界上每個人都精明，要令大家信服並喜歡和你交往，那才是最重要的。」

——李嘉誠

許多人剛出社會時，會認爲「專業」是在社會生存的唯一法則，但過度依賴專業，卻往往卻忽略了「做人」的關鍵性，以爲只要把事做好，不是自己專業領域的事就不想管了，與人交際往來更是不願意，也不擅長。然而，誠如羅斯福總統說過：「**成功公式中，最重要的一項因素是與人相處**。」

人的問題，是所有企業必定遭遇的難題，也是最難解的問題，光靠「知識專業」是不能處理妥當的，但如果人的問題不處理好，輕則公司內耗影響獲利，重則引起公司分裂、眾將反叛，甚至導致公司倒閉！

學校老師總是教導我們處理事情要「對事不對人」，**但在社會現實情形是，只有把「人」的矛盾、緊張關係處理好後，事情才能順利解套**，否則，你運用再多知識專業，也難以妥善處理。縱使你設計再好制度或政策，如果有人不斷給你搗亂、消極不合作，你必將會窒礙難行。因此我認爲，**在社會上要把事情辦好，要謹記「做人處事」的原則！**

只可惜，這種「做人處事」的處事技巧，學校往往沒教，也沒法教，因爲這幾乎是「街頭智慧」，必須在社會磨過、體會過，感受「人性」，才能逐漸掌握其脈絡。

什麼是做人？簡單地講，就是與人相處的能力，這跟你學歷多高沒有關係，這也是許多大老闆書讀不高，卻賺很多錢的關鍵，因爲他們懂得「做人」！我常常跟學生說，**出社會後，雖然要記得不斷深化自己的專業，但絕不要過度依賴專業，特別在處理「人」的問題上，因爲人的問題靠專業是解決不了的，必須要靠「細心」「觀察」，關注「別人」的需求，凡事以別人爲重**。

老闆任何的細小事，都是敲門成功關鍵的大事！

因爲許多大老闆們的教導、訓練，所以每當我和人接觸時，我便會仔細留心任何可以加深交情的「小事」。就像我第一次見到吳董，在「閒談中」我得知他一直想要擁有《論土地改革》這本書，我當晚立刻打電話回台灣，透過我的人脈關係，請他們在五天內，在我離開深圳前，務必要把這本書送到深圳來！

此外，吳董熱愛羽毛球，我立刻自費買球鞋、球衣，陪他每天好好打個爽快！

你想想，如果我跟他說，這次來深圳是要開會的，不是要打球的，或者我跟他說，我沒帶球鞋、球衣，「改天」我們再打（笨蛋都知道你忽悠他），回絕了他。你覺得，縱使我有再好的法律專業，再好的口才，我能把柯董交代的事辦好嗎？

我們往往只聽得進「信任」的人講的話，帶有敵意的人講一百句，根本抵不上信得過的人講一句！

想要把事情辦好，就要和人先交朋友，朋友關係的建立基礎就是信任，有了信任，你講的話，提出的建議、政策，才能順利推行。所以，**「做人處事」**，**「做人」往往要在「處事」之前呀！**

當我得知公司總經理李總剛開完攝護腺的手術，對於大陸的食物沒信心，所以我每次去深圳開會時，都會帶上一些針對攝護腺的保健食品給他，讓他雖然身處異鄉，卻備感溫暖。這個小小的關懷，讓我在公司業務領域不明瞭之處，李總總是樂意仔細跟我一一說明。

綜藝大姊大張小燕說：「做人，就是讓人感到溫暖。」

與人交往，想要取得大家的信任，靠的不是吹捧、諂媚，也不是應酬喝酒，靠的是講信用、做事圓融，發自內心關懷別人，使人感到溫暖。當你有能力處理各種「人」的問題，所有老闆必然重用你，你所得到的報酬將是遠超越你想像的！

洛克・菲勒說：「我付高薪給處理人際關係的能力，遠超過日光之下任何其他能力。」

越顛覆，越成功

我和女兒虎妞妞在玩塗鴉，玩了一會後，虎妞妞滿臉疑惑地問我：「拔比，你怎麼一直畫那裡？」

我沒注意到我畫的地方，仔細看後，猛然發現，我竟然只畫在「塗鴉區」！因爲塗鴉冊上有標示「塗鴉區」！

而虎妞妞卻到處畫，沒有受到任何限制，畫得很開心，很奔放！

我們從小到大，總是被各種框架「制約」，限制了我們的潛能，甚至摧毀我們最珍貴的勇氣。一旦你停下每天在框架中窮忙的腳步，就會發現被你忽略已久的框架。

在你內心深處知道，框架外的世界自由自在，可以讓你展現天賦，但框架外充滿風險。大多數的人選擇在框架裡安全地待著，缺乏放手一搏的決心，卻不斷羨慕框架外的世界。就這樣，最珍貴冒險青春歲月逝去了，身體的熱血冷卻了，心跳的頻率也跟著慢了下來，只剩下應付往常如昔的窮忙生活。

在框架裡是安全的，在框架外是充滿風險，但框架外擁有解放天賦後的自由，或許跌跌撞撞，卻也是眞實不悔的疼痛人生。

這兩難的選擇沒有絕對的對或錯，只是價値觀的差異，但也因爲價値觀，決定了你的命運，決定了你的人生。

我小學時非常愛講話，特別愛在上課講話，每次都因爲上課講話被老師處罰。

當時小學還沒有針對智能障礙的學生開設資源班，所以智能障礙的學生也是和大家一起上課。我們班上有一位智能障礙的同學阿展，他平常不太說話，但如果有什麼事情不爽時，會大吼大叫，影響上課秩序，所以老師就讓他獨自一人坐到後面佈告欄、垃圾桶旁。

老師決定也把我這位「影響秩序」的學生，趕到後面去和阿展坐在一起……

過沒多久，老師眞的眞的氣炸了！

因爲我在後面的「特別座」還是不安分，難得旁邊坐了一位「跑不掉」的同學，雖然「特別」了一點，但我還是使出渾身解數，逗得阿展開懷大笑。只是沒想到，阿展一笑就停不下來了，不但吵得老師無法上課，笑聲大到連隔壁班的老師都專程走到我們教室，看看到底發生什麼事情？

這下代誌大條了，老師要我立刻連絡我阿爸和阿母，要求他們明天到學校一趟！當阿爸和阿母隔天到學校時，老師把這陣子的所有不滿一次發洩出來，阿爸和阿母的臉色越來越難看，我心裡已經有準備吃一大頓竹筍炒肉絲。

正當我皮皮挫時，老師突然說：「對了！既然你這死囝仔這麼愛講話，沒講好像會死一樣。剛好最近有個閩南語演講比賽，你就代表班上出賽，將功抵罪！如果拿到前三名，我就不處罰你。」

這時的我，只要不挨揍就好，什麼死人骨頭都嘛可以答應！

就這樣，我誤打誤撞登上了演講的舞台。

結果，我第一次參加校內比賽，就順利拿下全校第一，讓我們班的老師很有面子，我也就躲過了竹筍炒肉絲！接下來，我代表學校參加三重區的比賽，取得前二名，可以參加全台北縣的縣賽。

我們三光國小從來沒有人可以在閩南語演講比賽項目參加縣賽。但我打破了紀錄，取得第二名，可以正式代表三重區參加縣賽！

這下可就成爲全校的大事了，校長急著找很多國語文競賽的老師給我特訓，要班導師多給我機會在班上上台講話，增加實戰的經驗。

哈哈，眞是作夢都沒想到，不但可以在上課時講話，全班還得乖乖坐在那好好聽我講！太爽了！

經過一段期間的特訓，縣賽的日子到了，比賽當天可眞不是開玩笑的，現場參賽者都是全縣各區的前二名菁英，說不緊張是騙人的，但背負著全校期待的使命感，我用盡全力，專注用自己最好的表現完成比賽。

成績揭曉！我竟然獲得全縣的亞軍！創下學校的紀錄！

從我得獎後，學校總是派我參加各種閩南語演講比賽，從國小、國中、一路到高中，基本上無論大小賽事，只要我參賽，基本上都能獲獎。

我被定義爲一位「演講高手」。

直到高二某天，我在電視上看到一場非常撼動人心的演講，看完後，心中產生很大的疑惑：爲什麼那位世界公認的演講家和我參加國語文競賽時的演講模式迥然不同？爲什麼他演講沒有那麼多「制式」的裝腔作勢？到底是他的演講方式正確，還是我所接受的訓練方式才是正確的？

後來，我花了很多時間研究許多位頂尖的演講家，發現所有人都沒有演講比賽的裝腔作勢，但都有個共通點，那就是演講內容和表達具有高度「動搖所有聽眾情感」的能力！

而我過去接受的制式演講訓練，講求的是咬字準確，搭配誇張的語調、手勢表達，強調「標準動作」，而不是「個人特色」。

我思考了很久，到底誰是對的？

經過內心不斷糾葛後，我得到一個改變我一生的關鍵思維，在我心中確立了一個非常重要的定義及價值觀，那就是最卓越的演講就是要能「動搖所有聽衆的情感」！

過沒多久，剛好遇到校內舉辦國語文競賽，一如往常，我被推派參加閩南語演講項目，所有老師及同學也預期我在這個項目奪下冠軍是十拿九穩。

我打算從這次比賽，就是這一次，我決定「走自己的路」！

用我認爲「最好」的方式演講，我要打破「框架」！

「你的時間有限，不要爲別人而活，不要被教條限制，不要活在別人的觀念裡。」

——賈伯斯

成績揭曉，我……不是冠軍，也不是亞軍，也不是季軍……我只得到第四名！

這是我所有比賽最差的成績，跌破所有人的眼鏡。但我很開心，因爲我知道，我走出了自己的路，不管好壞，這都是「我的方式」。我打破框架，獲得自由！

成長，就是一個否定過去自我、改造未來自我的過程！

經過多年的努力，我顛覆了傳統制式演講的框架，所以成功展現了個人特色，現在我每小時的演講費早已破萬元，躋身高價講師之列。更重要的是，我知道什麼才是眞正的演講，用我自己的「定義」！

如果當年我不願放棄框架內的光環，縱使我拿下全國冠軍，在我內心深處知道，那是缺乏「思想」「靈魂」的！

我，是一位有思想、有靈魂的演講家，我要「動搖」所有人的情感，「正面影響」千千萬萬的聽衆，這是我的核心價値，我的路！

沒有正確的決定，只能把決定做到正確

當年我讀三重高中時，我跟全校同學說，我會考上台大法律系，創下學校光榮的歷史。很多人說，我不會成功，因爲我們又不是前三志願，怎麼可能考上台大法律系?能夠考上國立大學就已經很不錯了，如果可以考到台大，那已經是祖上積德了，怎麼可能考上全國第一志願?

但，我做到了，我成功創下三重高中的光榮歷史，考上第一志願台大法律系……

當年我二十三歲要創業，自己開律師事務所。很多人說，我不會成功，因爲年紀太輕，經驗不足，不會有案件。

但，我做到了，成功創立法羽律師事務所……

當年我放棄所有案件類型，專攻消費者保險理賠案件。很多人說，我不會成功，因爲消費者沒有錢，專攻這種案件沒有市場。

但，我做到了，成功讓法羽成爲國內著名專攻消費者保險理賠案件的律師事務所，更讓我在這個領域裡成名，也讓我賺到第一棟房子。

當年我決定不讓事務所承接訴訟案件，讓自己可以專心做最熱愛的事，就是演講及寫作。很多人說，我放棄在保險領域的利基去冒險，太傻，而且靠演講及寫作會餓死！

但我做到了，我寫的處女作《年輕，不打安全牌》不斷再版！我每場演講費更是突破2萬元大關了！我不但沒餓死，還因爲演講及寫作而廣結善緣，受貴人提拔，進入地產投資領域，讓我有機會拓展大視野，累積財富！

從小，我們總是懷有各種夢想、抱負，每當我們將這個夢想告訴旁人時，他們總是習慣性地說：「你想太多了，別傻了！」

這麼簡單一句話，就讓你的夢想被摧毀了。

靜下心來想想，爲什麼他們會這樣講？

親愛的同學們，你想看看，如果今天坐你旁邊的同學說，他一定要考上台大，一定會考上台大。你摸著自己的良心講，你眞的會誠心祝福他嗎？你眞的希望他考得比你好嗎？

答案顯而易見，所以你的直覺反應是希望他不要當眞，不要眞的激起像超級賽亞人般的鬥志，不然當他成功時，你就變成失敗者了！因此，你會希望透過直接或間接的方式說些什麼，讓他打消這「危險」的念頭。

當你的意志不夠堅強，對自己沒有足夠的自信，許多偉大的夢想，就在這人性的脆弱中被扼殺了！

我們平常要遇到非常成功的人，很難，所以我們周遭大部分的朋友都是平凡人，都是平凡的高中生、平凡的大學生、平凡的上班族，他們之所以平凡，道理很簡單，因爲他們的「思維」很平凡……

平凡的思維最大的特徵是，對於自己沒有「過分」的自我要求，失去夢想的勇氣，看不到成功後的願景，只想到過程中的困難重重……所以，他們注定平凡！

當一個平凡人沒有錯，每個人都有權選擇自己的人生、自己的生活方式。但如果你將自己不平凡的夢想詢問他們的意見，期待從平凡人的思維中得到不平凡的建議，那只能說你天眞又可愛了……

福特說過：「如果我當年問顧客他們想要什麼，他們肯定告訴我要一匹更快的馬。」

賈伯斯也說過：「不能問顧客想要什麼就給他什麼。等你生產出來的時候，他們已經想要其他東西了。」

如果你輕信、依賴旁人的建議，因爲別人的意見而動搖你的決定，你將注定一事無成，難成大器！

記得，這世界上99％的人都是平凡人，他們的建議只會讓你成爲下一個平凡人！他們否定你的夢想，只要一句話，更重要的是，完全不用成本！

就我個人的經驗，當我想要做某件事，越多人反對，越多人不看好時，我就越興奮，因爲我知道走這條路的人很少，成功機會很低，但成功後的報酬卻非常高！

例如，當年我進入消費者保險理賠領域，幾乎沒有任何競爭者，因爲懂保險的律師都是保險公司的律師，消費者沒有錢，所以市場性很低。

但我認爲，只要替消費者打贏官司，消費者就會拿到保險金，就有錢付律師費，因此不是沒有市場性，重點是你有沒有眞本事替消費者打贏官司！結果經過我們團隊的努力，我們爲許多消費者爭取到應得的保險理賠金，也賺取到應有的報酬，創造共贏的結果。

後來，很多人談到我的創業過程，就會說那時候我的眼光眞是精準，懂得選擇消費者保險理賠，甚至連當時不看好我的人也說「這個選擇太正確了」……

見鬼了！當時沒人看好，一旦你成功後，每個方向都是對的，每個策略都是精準的，每個決定都是正確的，但這就是社會，現實的世界！

記得，在這社會上，所有事情都是「結果論」！

當你成功考上台大時，人家會稱讚你是「資優生」。

當你創業成功時，人家會稱讚你是「企業家」。

只有當你成功時，才能證明你選擇的路是正確的，而且從一開始就正確無誤！

也就是俗話說的「勝敗論英雄」！

我們不斷關注別人的意見，問爸爸，問媽媽，問老師，問學長姊，甚至跟恩主公擲筊、跟耶穌禱告，期待得到支持自己看法的意見，或者將策略不斷地修改到符合每個人的意見，其實只是爲了得到安全感，希望別人分擔部分未來失敗後的心理負擔！

當我們問的人越多，你會發現，方向越來越亂，甚至出現相反意見，搞得自己精神錯亂，與自己最原始的目標越離越遠。問題不是出在別人而是你自己，因爲你根本不相信自己！連冒險的勇氣都沒有！

許多孩子從小到大，都是在單線的軌道上努力，從國中努力考上好高中，從高中努力考上好大學。但當離開大學，進入職場，選擇職業時，那就不再是單線的，各行各業是非常多元的，孩子們一下子感到茫然了！搞到後來，連畢業的勇氣都沒有，只能延畢或考研究所……

要畢業或讀研究所或出國念書？進職場要選什麼行業？哪個行業有前途？要不要出國工作？這麼多的選項突然出現，很多人失去了「決斷力」！

人們無法做出選擇，往往不是因爲選擇太少，相反地，卻是因爲選擇太多！

很多人每天做的，就是不斷問許多人的意見，期盼找到一個完美、正確的決定，不要浪費青春的一分一秒。我認爲，一旦陷入這種「找到正確決定」的錯誤迷思，將注定「只謀不斷」，一切都將只能停留在原地，大肆浪費自己的生命、最珍貴的青春！

你永遠不可能做出正確的決定，只能用盡全力把決定做到正確！

只有當在你用盡全力，獲得成功的那一刻，你才能用你的成功證明你的決定是正確的！在此之前，不存在所謂的「正確決定」。因爲你謀畫再「完美」的決定，只要結果是失敗的，那它就是錯誤的！

「能謀善斷」才是大才！勇於做決斷，縱使錯了、輸了，那又如何？至少你能證明這條路行不通，只要你不被失敗擊垮，並逆轉勝，你將證明一件比成功更偉大的事，那就是「你能承受失敗」！

房仲女王唐千喻說：「**人生不是得到，就是學到！**」

其實，當你一次就成功，不用開心得太早。這不是因爲你很厲害，通常只是因爲「運氣好」。沒有失敗堆疊的成功，是有危險的，因爲你只證明你能成功，但你還沒證明你能承受失敗！若你不斷成功，不曾歷經失敗，當失敗來臨的那天，很有可能你會被一次擊倒ＫＯ！

當有天你可以證明，你能戰勝失敗，才能成爲眞正的強者，因爲你不再畏懼失敗！這就是所謂的勇者無懼！

記得，只有你自己能夠爲你的人生劇本做決定、負責！

不要讓旁人的觀點、意見，左右了你最核心的目標。在人生冒險的路途上，你將注定孤單，你只能依靠自己，相信自己的直覺，把腳跨出去，堅持把路走到底，一路走到黑，創造自己不凡的人生，到死都要相信自己就是那1%的成功者！

我就是我，我爲自己的人生負責，我將用我一生的奮鬥，證明我的決定是正確的，我相信人生堅持的這條路錯不了！絕對錯不了！

心的強大，才是真正的強大！

「VSD是什麼？」我驚訝地問醫生。

「是一種先天性心臟病。在產檢時發現，有70%的機率會自己癒合。」醫生平靜地說。

「那剩下的30%呢？」我緊張地接著問。

「那就必須在出生後開刀。」醫生沉默一會後回答。

醫生告訴我們，接下來幾個月的產檢都要密切觀察小寶貝的心臟發展情形。

聽完醫生的說明後，我和我太太很無力地離開台大醫院……

相信曾經生過孩子的父母都可以體會，一個孩子從不到一公分大的受精卵逐漸有了心跳，逐漸長出頭、四肢，到全身成形，這過程中的一次次產檢，父母除了有迎接孩子出世的喜悅和期待外，更多的是擔憂，怕醫生在哪一次產檢中宣布孩子有什麼先天性疾病。雖然明知道機率不高，但這種擔憂是很難免除的。何況，今天我們已經遇上了，醫生直接告訴我們，虎妞妞可能罹患VSD先天性心臟病！

在上網看過許多資料後，我們夫妻倆的心情更是低落到了極點……這再次引發我內心深處的「恐懼心魔」！

我從小面對無數挑戰、難關，始終堅信：「爆炸性的壓力，才會有爆炸性的進步！」這是我從運動員生涯中領悟出來的心得。所以無論面對升學考試、律師考試、創業等壓力，我相信只要我不斷、不斷努力，就能挺過，就能戰勝！經過一次又一次的勝利，我的能力變強、歷練增加，我認為自己擁有強大的心，可以面對各種人生的挑戰！

直到我經歷父母接連罹患癌症，縱使我用盡全力賺錢，給予他們最好的治療、最好的藥物，但不幸的是，他們仍然離開了我……

我永遠記得，每一次陪父親到台大醫院看檢驗報告時，都有一種難以言喻的恐懼！最怕醫生說出哪裡又復發了，哪裡又轉移，哪裡又從X光片看到陰影了……

只要報告結果不好，我們家就又要再一次經歷癌症手術、電療、化療的療程，除了父親受到折磨外，家人心理上的煎熬、照顧病人的疲憊，更擔心父親將一步步離開我們，這種心情非一般人可以想像，只能用愁雲慘霧形容！因此，我父親曾說過，每次來看報告，都像是聽「宣判」一樣……

所以，每次陪父親到台大醫院做例行性檢查，在等待報告的日子裡，都有一種面對未知的恐懼感、無力感，不管我做什麼努力，都無法消除這種焦慮，只能「被迫」等待著報告出來的日子，等待著被「宣判」的日子……

人在苦難中，是痛苦的，但不是最痛苦的；最痛苦、折磨的是，在苦難來臨的未知恐懼中等待！

每一次，當報告結果不好時，父親總是第一時間問：「能開嗎？還有救嗎？」爲了孩子，我父親從不放棄任何活下去的機會，再大的病痛折磨，他都願意承受，也相信只要撐過這次，就能活下來，就能戰勝病魔！

我們始終抱持希望……

我父親在接受最後一次左邊肩膀淋巴癌轉移手術時，仍抱持最後痊癒的希望，但仍然不敵病魔，沒多久就併發肺炎，離開了我們……

就在父親病逝前一晚，在台大醫院急診室裡，我跟父親說明病況，告知他醫生說，他的狀況很不好，可能今天晚上就會離開我們。我問父親，如果在情況緊急時，是否要插管急救？我永遠記得，父親只在平常和我對談的白板上寫下「自然就好」……

經過無數次大型手術、電療、化療，此時，我在父親的臉上看不到一絲絲的恐懼，也不是勇氣，而是平靜接受死亡的到來……因為他不再拒絕痛苦，因為他接受了命運的安排，接受任何未知、磨難，他終於獲得內心真正的平靜……

我們會痛苦，是因為拒絕受苦；我們不再痛苦，是因為相信，痛苦中有路！平靜的心，就是人生一切恐懼、痛苦的出路！

父母相繼罹癌，無止境的癌症治療過程、無止境的恐懼、無止境的焦慮，最後仍然逃不了死亡……

這極為特殊的生命經歷，讓我在很年輕的時候就被迫面對「生死議題」，但我卻仍未學會平靜看待「生死」。畢竟，我真的太年輕，這一切對我太殘忍……

於是，在我最內心深處，種下了「恐懼疾病」的「心魔」……

從虎妞妞上次的產檢後，我的焦慮從未停歇，一直擔心、心疼她可能一出生就要面對心臟手術，就要全身插滿管子，就要面對疾病的折磨與痛苦。最讓我自責的是，我空有事業成就，面對這一切我卻束手無策！她是我的孩子啊……我是個沒有用的父親……

恐懼、焦慮、自責的心情，不斷一點一滴侵蝕我的心，逐漸影響我的心情，影響我的正常生活……

人有無限接受苦難困境的可能，卻無法抵擋如蟲子般一點一滴侵蝕心靈的焦慮！

經過幾個月，好幾次的產檢結果，仍然顯示有VSD的病況。

我唯一能做的，只剩下祈求關聖帝君的保佑……

有天清晨，當我跪在關聖帝君的面前祈求時，瞬時有個聲音湧進我的腦海裡：

「把心靜下來！」

如果這件事的到來無法避免，那就承受吧！如果這件事根本不會發生，那你現在的焦慮就是多餘的！記得，也許你現在時時刻刻焦慮的事，99%根本就不會發生！

我決定把這件事放下，專心去做我該做的事。奇妙的是，當我專注於寫作、演講時，在那當下，根本無法記得這件讓我煩心的事，我的心竟獲得了難得的平靜時刻！

無論你再聰明，都不可能讓你的心同時想兩件事情，當你全心專注在工作上，就能暫時忘記煩心的事情，你將獲得舒適、祥和、平靜的心！

但，當我結束一整天忙碌的工作回到家後，焦慮的情緒又悄悄從內心深處襲來，我的「心」又開始混亂，思緒像野牛一樣橫衝直撞，把各種極小可能發生的可怕結果無限放大！

憂慮最能傷害你的時刻，不是在你忙碌的時候，而是在結束工作後的深夜獨處時！

雖然我從小面臨許多磨難，但一一克服後，我便獲得一顆「強悍」的心。我自以爲是個強大的人，但當我面對「心魔」時，它卻侵蝕我的內心最深處，讓我顯得不堪一擊，讓我的心如此不平靜，讓我知道，原來在恐懼、憂慮面前，我是那麼「脆弱」……

我開始思考，如何獲得一顆「平靜」的心，一顆眞正「強大」的心？

看了無數書籍、思考很久後，我從《易經》的一句話得到關鍵思維啓發：

「積善之家，必有餘慶！」

當你一次次付出善行，逐漸去除、洗滌心上的惡念、心垢，你的心將逐漸達到至善、純善的境界，讓心獲得光明，讓心獲得「平靜」，這就是「致良知」的修爲功夫。

當你擁有純善的平靜之心，就能在生、老、病、苦、死、別等苦難境遇中，達到「不動心」的境界，讓你相信，依賴著無數累積的善行、善念，將可以平靜度過一切苦厄。

付出善行最大的回報，不是財富、不是名聲，而是平靜的心！

也許這聽起來很不理性、很抽象、很飄忽，卻是我無數次的親身體悟。何況當我們面臨人生苦厄時，不也很難解釋那發生在我們身上的邏輯性，甚至常常問老天「爲何這樣對待我們」嗎？

現在我終於明白，一個眞正強大的人，不是擁有無數財富、至高無上的權力、傲人的學歷專業，而是擁有一顆無論任何境遇，或許順境，或許逆境，或許病苦，或許死別，都能保持「平靜」之心！

只有心的強大，才是眞正的強大！

當我悟得這個關鍵思維後，我停止憂慮，我告訴自己，我曾經幫助過許許多多的人，接下來，我要幫助更多的人。我相信，無數善行累積的善念，將帶給我平靜的心，讓我產生度過一切苦厄的力量！

我打從內心最深處相信，虎妞妞一定會沒事的，一定！

善的力量可以讓你的心平靜，讓你相信可以度過一切苦厄！

就在虎妞妞生產前最後一次產檢時，醫生很高興地告知我們夫妻倆，虎妞妞的VSD消失了，心臟的缺口癒合了！

半年後，我在虎妞妞第一次過農曆新年時，送給她人生第一個紅包袋上，寫下：

「積善之家，必有餘慶。」

我希望她一輩子謹記這句話，並時時踐行。我相信，隨著她的人生成長，對這句話的思維啓發、實踐體悟，將讓她獲得遠比學歷、財富、成就更有價值、更珍貴的力量！

你是個體面的人嗎？

我的職業是律師，在正常情形下，大老闆只有在遇到法律問題時才會想到我，才會來找我諮詢，但畢竟不是每個人一天到晚有法律問題、有官司要打。何況，通常大老闆身邊早都有御用律師了，哪裡輪得到我這毛頭小子？

但我內心知道，想要突破「自我想像」，就必須要「緊跟」在大老闆身邊，所以如何接近大老闆，是一個肯定要解決的大問題。

記得剛加入扶輪社時，在每個星期的例會餐敘中，我總是聽著大哥們討論、交流著彼此各行各業的最新訊息。在商場上，「情報」就是商機，誰可以掌握第一手的情報，往往就可以掌握新一波的商機、趨勢。但一個律師的專業是解決法律問題，與商場上的情報交流沒有特殊關連性，所以我根本搭不上他們的話題，甚至聽不懂他們談話中的「行話」。因此，我知道想要加入大哥們的「聊天」，不能只是懂法律而已。

從那時開始，我大量訂閱包含《商業周刊》《今周刊》《遠見雜誌》《天下雜誌》《理財周刊》等數十本商業刊物，每天更一定要讀完《經濟日報》《工商時報》等各大報。此外，因爲我加入的扶輪社裡有許多建築業的大老闆，我便針對地產專業領域購買多本書籍來研究，這些商業、地產專業領域與我原本的法律專業差異很大，眞是隔行如隔山，剛開始研讀時，眞的感覺自己讀到快要中風了！

但我知道自己的方向是對的，所以再苦再難也不放棄。我把每天最新的商業新聞資訊整理成一份又一份的筆記，不懂的名詞就靠「google 大神」。剛開始對於這些資訊的解讀程度不到30％，經過一段時間的奮戰後，我赫然發現，解讀程度可以達到80％以上，慢慢地竟然可以聽懂大哥們的談話內容，偶爾還可以搭上幾句話！到後來，我甚至可以按照產業別，分別整理「有用」的商業新聞、情報給多位大老闆。也因此，逐漸讓大哥們發現我的存在！

此外，當老闆們來詢問我法律問題時，我永遠是盡全力協助，幾乎都是義務幫忙，既不收諮詢費，也總是教導他們如何不打官司而解決眼前的紛爭。這樣的思維在律師業看來很奇怪，因爲這樣一來，根本沒有律師本業的收入了。但我不這麼想，道理很簡單，他們教導我經商之道時，也沒有跟我收學費啊！

人啊，不用太會算，這些大老闆們在社會上混這麼多年，你會算，他比你更會算！

我生命中最重要的貴人之一——地產界最美麗的天后何麗玲小姐，她教導我一個重要道理：

「秀才人情，白紙一張，廣結善緣，守株待兔。」

摒除法律專業的現實業務面，法律還可以用來解決別人的紛爭，和別人結一個「善緣」。**年輕人初出社會，最缺乏什麼資源？不是錢，不是名車，更不是名牌滿身，當然是「好人緣」最缺！善緣的力量是無限大的，可以讓你結識扭轉生命最重要的貴人！**

當我發現扶輪社裡的大哥們，在大陸都有許多投資，我開始默默研究中國大陸的法律，特別是關於大陸公司法、境外公司操作實務、稅法、勞動法等，甚至開始從大陸新浪網研究大陸最新的財經相關新聞，等到大哥們「聊天」談到大陸的投資經營問題時，我不但可以搭上話，還可以就問題提出初步的解決方案！

此外，因爲我在二〇〇六年曾經參加過香港律師公會主辦，由北京、上海、深圳、廣州、澳門、香港、台灣各地律師參賽的香港百年律師盃羽球賽，在大賽中奪取了男單、男雙的雙料金牌，也因此結識大陸各地的律師，至今仍保持連絡、球敘，這個大陸律師關係網絡，讓我在協助解決大哥們的大陸法律問題上有莫大的助益！

大哥們感到很驚喜，因爲這樣的人才是他們很缺乏的，因此紛紛決定聘請我擔任他們公司的顧問，還央請我一定要撥出時間，陪同他們到大陸開會，一切食宿由公司負責！眞是太爽了，我的努力獲得代價，贏得了去中國去見識大局面的機會！

我記得，曾經在一篇華人首富李嘉誠的專訪中，看到記者問他給現在年輕人最重要的忠告是？

李嘉誠先生回答：「**年輕人要學會當一個體面的人。**」

剛開始，我不太了解這句話，什麼是「體面」的人？是要長得像玄彬還是金城武？或者是要開名車、穿名牌？後來，在我研究李嘉誠先生的許多事蹟、專訪，加上仔細深思後，我終於懂了！

李嘉誠先生所說的體面，指的是年輕人無論在穿著上、言行上，在不同場合裡，都要「得體有度」；在內涵上，更要不斷精進，讓自己的談話內容具有「深度」「高度」；在信用品德上，要經得起考驗，成爲一位「可靠」「信得過」的人；在看問題、解決問題上，要有「綜觀全局」的眼光、「務實」的態度。當你擁有上述特質後，你將成爲大家「看得起」的人，也就是一位「體面」的人！李嘉誠先生用他一生的努力，完美詮釋了這句話的精深涵義！

在前一篇文章，我們談到要「緊跟」大老闆身邊，藉以改變「自我想像」，讓我們的窮腦袋換成富腦袋，利用「富人的思維」來增加我們的財富，改變我們的人生。

在社會上，沒有任何人願意花時間在一個沒有任何價值的人身上。你想要緊跟在大老闆身邊，從大老闆身上學到功夫，首先必須充實自己，創造自己「獨有」的價值，還要用心學習言行的「進退」之道！

當你是一位體面的年輕人，那大老闆豈有看到人才不心動的道理？自然會將目光投注到你身上，給你「緊跟」在身邊見習的機會，給你試煉、歷練成長的機會，經過考驗後，甚至會給你「上位」擔當大任的機會！

這一切都要從你願意改變自己，朝成爲一位「體面」的人爲目標開始。

你希望自己的墓碑寫著什麼內容？

成爲一位優秀的訴訟律師，是我從小的夢想。

小時候覺得律師的專業可以保護自己在意的人，「聽說」又可以賺很多錢，可以改善我們家的經濟狀況，讓父母親過上好日子，加上許多人說我口才不錯、邏輯推論清晰，很適合當律師，因此，從很小我就立志考上台大法律系，以成爲頂尖的訴訟律師爲人生目標。

經過多年的努力，我終於如願考上台大法律系，更在大學畢業應屆就考取律師證照，並創立自己的律師事務所，期望在不久的將來，讓我的事務所成爲國內著名的大型律師事務所！我不斷全力衝刺，讓我的人生不斷超頻、超進度，而且看似一切都精準地走在我自己規畫的道路上。

直到父親、母親分別在五十六歲及六十歲病逝離開我，對我造成很大的衝擊。我想，如果我的生命像我父母親一樣短暫，我內心眞正想要的是什麼樣的人生？甚至，假如明天就是我生命的終點，那什麼將是我最驕傲的人生成就？在我的墓碑上，會寫著什麼來形容我的一生呢？

在死亡面前，一切事物的本質都將顯現，你會瞬間發現，在內心深處最想要的到底是什麼？

經過很長一段時間的思考，我發現了一個讓我自己萬分恐懼的答案！

我竟然發現，自己不喜歡「律師」這個工作！

「許峰源你頭去撞到了嗎?!當律師可是你從小最大的夢想，多少個挑燈夜讀的夜晚，多少的犧牲，就是爲了考上台大法律系，成爲頂尖的訴訟律師。但你現在卻不想當律師，你瘋了嗎？」

對，我是優秀的法律人，我的事務所經營也很穩定，我因爲律師工作徹底改善了經濟生活……律師是我最喜歡的工作，可以帶給我寬裕的物質生活。沒錯，這一定是我胡思亂想，一定是的……

有一次我承辦了一件在五股龍米路的殺人案件，當我去看守所律見這位被告，發現他眞是一個徹底的混蛋。雖然大學教授說過，任何人都有委任律師的辯護權，雖然被告願意出很多錢，但我就是無法說服自己，特別是在家裡拜拜面對關公時，因此我決定解除委任。雖然我少賺一大筆錢，但也免去半夜擔心被害人來「找我聊天」的恐懼……

這個案件給了我思考法律訴訟本質的啓發……法律眞的都是保護好人的嗎？我們學的一身法律好功夫，眞的都是用來幫助人的嗎？通常是好人還是壞人可以花大錢請到頂尖的律師呢？法律眞的是「正義」的嗎？

我又再一次起了那個可怕的念頭……我眞的喜歡律師這個工作嗎？

有一天，因緣際會與出版社的人認識，談起了將我從小的故事寫成一本書的構想。我很愛看書，最崇拜的就是透過文字傳達思想的人，但我從來不敢想成爲一位作家，尤其，我從小成績最爛的就是作文……

在出版社的鼓勵下，我決定嘗試看看，利用工作空閒時間，將我小時候的故事慢慢寫下來，經過一年多的撰寫終於完稿，我的處女作《年輕，不打安全牌》誕生了！

我永遠記得，出版社送給我書的成品的那個下午，我拿到書的悸動、興奮、驚訝情緒，雖然不知道這本書會不會暢銷，但我可以確定，完成這本書是我這些年來最感到驕傲的事業成就，遠遠勝過打贏幾百件訴訟的爽感！

我又再一次起了那個可怕的念頭……我眞的喜歡律師這個工作嗎？

後來，老天很眷顧我，讓我出第一本書就賣得很不錯，也登上許多重要排行榜。隨著書籍的暢銷，我開始受邀到許多學校演講，與許多學生分享我的故事及思維。雖然到學校演講只有微薄車馬費，完全不符我的時間成本，但不知道爲什麼，每次在助理安排行程時，還是「不自覺」地答應下來……

有一天，我接受《遠見》雜誌的邀請，參加名爲「年輕人憑什麼贏？」的座談會。當我抵達會場，看到座談會主桌上，我的名牌上寫著「作家／許峰源」時，我愣了好幾秒。因爲這麼多年來，我總是習慣大家稱呼我「許律師」，我第一次被稱呼爲「作家」，這是我從小最崇拜的「職業」。頓時，我心中有一股難以壓抑的感動，當主持人介紹我是一位「作家」時，竟然有股興奮的電流穿身而過……

我想，我找到我內心最愛的工作了……

「只有愛你所做的，你才能成就偉大的事情。如果你沒找到自己所愛的，繼續找，別停下來。就像所有與你內心有關的事情，當你找到時你會知道的。」——賈伯斯

記得多年前，我剛出道當律師時，有一位高中補教業的超級天王，也是我在補教業的貴人，邀請我到他的補習班擔任輔導老師，工作內容是我白天律師工作下班後，到補習班「陪學生講話」，爲學生解答準備考試及人生的疑惑，鼓勵學生正向思考。就是這

麼簡單的工作內容，他竟然願意支付我一年破百萬的報酬！

我記得，當時擔任受僱律師的薪水大約每個月5萬多，所以這個「兼差」對當年急著要改善家裡經濟狀況的我，非常非常有吸引力！因此，我答應了下來。

經過一段時間後，我發現越來越多學生喜歡找我講話，問我的問題更是千奇百怪，包含學業、大學校系選擇、感情問題等，甚至到後來，他們開始會找學校的同學一起來問我。我有時覺得在補習班的輔導桌有點像大型廟宇的「問事桌」，當然我就是那位解惑的「師父」……因爲人數眾多，來不及一對一談，有時我還會直接安排時段把大家集中起來，由我針對某個特定議題，上台爲大家解惑。

後來奇妙的事情發生了，因爲越來越多學生喜歡找我，他們就會持續報名補習班續年度的課程。此外，他們還帶來更多原本沒有補這家補習班的同學一起來，帶給補習班的營收效益，遠遠超過他們支付給我的報酬！

這時，我慢慢發現，自己從小到大的奮鬥故事，加上我的思維、表達能力，綜合起來後，竟然擁有「正向影響人」的天賦！在我自己身上，我發現有強烈的正向影響力，可以感染與我接觸的每個人！

能夠激勵別人，去除別人的憂慮，讓別人的臉上出現笑容，是非常值得珍惜、善用

的天賦！這是遠勝於律師工作帶給社會的正向影響力！

我認爲，人的成功有三種層次。第一，是你賺了很多錢。但如果你只是賺了很多錢，有天當你死去的時候，也沒有人有任何感覺，只是覺得「喔，一個很有錢的人死了」。第二，是你創辦了一個大型企業，照顧了很多人的生計。有一天你死了，會有許多員工感念你，但這種感念也僅限於十幾二十年。第三，也是我認爲最難達到的層次，就是你的一生影響了無數的人。當有一天你不在了，你的思維仍然繼續不斷地影響著人們，幫助、改變了無數人的命運，你的名字將被永遠記住，歷史將永遠記載著！

我認爲，一生最大的成就，不是賺到很多錢，不是創辦一個很大的企業，而是經由自己一生的奮鬥，樹立令人敬重的人格，讓自己的思想可以正向影響改變無數的人。

我很嚴肅地思考，如果生命如此短暫，我願意讓自己的生命寫下什麼樣的歷史？在無數失眠的夜晚，不斷與自己對話後，我找到自己內心眞正想做，而且知道自己有這樣的天賦，那就是成爲一位「作家」！透過思想，正向影響許許多多的人，這才是有意義的人生，用我自己定義的成功！這就是我的「天命」所在！

「我採用『天命』二字，指稱『喜歡做的事〈熱情〉』與『擅長做的事〈天賦〉』能夠相互結合的境界。我深信每個人都有必要找到自身的天命歸屬，不只因爲那讓我們獲得成就感，更是爲了讓人類社群與組織能夠在不斷演進的世界中永續發展。」

——引自《讓天賦自由》

我做出人生重大決定，那就是讓自己的事務所不再承接訴訟案件，只擔任企業家的私人顧問，讓自己可以全心專注於我想做的事、我專長做的事，那就是寫作、演講。

改變人的一生，往往就在那一刻的決斷！

這個決定讓事務所的同事驚訝不已，也讓同業感到匪夷所思，明明事務所很賺錢，爲何要放棄這麼優渥的收入，去走向一條完全「不安全」的路……

當我開始專心寫作，專心演講後。第一個最大的生活改變是，收入一年瞬間少掉幾百萬！雖然壓力很大，過程很痛苦，但我卻感到異常興奮！因爲，我知道我正在證明自己，我要用我的行動創造專屬於自己的歷史，跳脫框架，讓天賦自由！誰規定律師只能是一位律師！

當我不再承接案件，遠離訴訟紛爭，每天頭腦都特別清楚，更重要的是，晚上不再失眠，可以安心入睡。我開始把擔任企業家私人顧問所參與過的商戰及見識到的眞實故事寫下來，與更多人分享其中蘊含的「思維啓發」。

當我寫作時，好像會進入一個沒有任何煩惱的世界，一篇有生命力、有思維的文章，記錄了我的思想，縱使有天我不在了，它依然可以替我影響這個世界！光是想到這件事，就足以讓我爽好久好久！

經過幾年的努力後，我演講的足跡走遍全國各地，甚至遠到大陸。我的著作及演講逐漸受到不少人的喜歡，不斷廣結善緣。很奇妙地，我遇到很多貴人提拔，讓我有機會學習、參與地產投資，讓我獲得遠比擔任律師工作時更大的報酬，並取得財富自由。

眞的，只要做對社會有益的事情，一定能賺到錢！

現在，我每天都可以專心做我想做的事情，那就是寫作和演講，不再需要爲錢擔憂，還能與許多企業家到世界各地參與投資。更重要的是，有了更多時間陪伴家人，陪伴我最心愛的兩個女兒成長。

最有成就感的就是，當我看到我的著作、演講，正向影響無數讀者，並對他們命運產生正向改變的時候，這眞的比賺錢更讓我興奮數十倍！

回首當年的決定，雖然遭受到無數人的質疑，但我知道，只有做自己眞正想做，而且是自己專長的事情，才能在未來競爭的世界裡，經得起動盪，無論成敗，至少對得起自己的人生，對得起自己的「天命」！

我想，我找到了在自己墓碑上應該寫的內容：

「許峰源一生的奮鬥及思維，正向影響了無數人，改變了無數人的命運。」

人生因為缺陷，所以完美

最近看到一則新聞，一個剛滿二十歲的女孩，因爲感情困擾，選擇跳樓輕生。這樣的社會新聞並不稀奇，讓我驚訝的是，她所挑選的日子竟然是母親節，這眞是太殘忍了！這樣的行爲讓她的母親每年都必須忍受內心的煎熬！

隔了幾個月，又出現類似的新聞，也是一個二十幾歲的女孩，因爲戀情不順遂，也是選擇跳樓輕生，她所挑選的日子更是讓我覺得不可思議，竟然挑在母親生日的那一天！這樣的行爲對於母親的傷害，已經是文字無法形容了……

我不想評論這兩個孩子的行爲，因爲多談只是讓母親有更深的傷痛，只是這兩個女孩的故事，讓我想起了之前接受財團法人罕見疾病基金會的邀請，出席「百年罕見、罕見百年」慶祝音樂會的情景。

這個音樂會是由許多罕見疾病的病友、病友的父母親組成的音樂團體，名字叫做「罕見天籟合唱團」及「罕爸合唱團」。在整個音樂會中，我聽到許多動人的歌曲，讓我深深地相信，音樂眞的可以撫慰人心，也覺得病友及病友家人從參與合唱團的過程中，更找到自己生命的意義及家人深摯的情感。

整晚的歌曲裡，讓我印象最深刻的一首歌是〈相信有愛，就有奇蹟〉：

黑夜將過去，未來不再遲疑。
牽起我的手，你給我勇氣。
曙光漸顯明，點亮前方路。
我展翅高飛，你給我信心。
只要相信，相信就有奇蹟。
揮動信心的翅膀，隨著夢想起飛。
相信有愛，就有奇蹟。
不要輕言放棄，只要打開眼睛。
手牽手一起，就不孤寂。
相信有愛，就有奇蹟。
雖然逆著風，你給我勇氣，飛往那佳美之地。

這首歌的歌詞非常振奮人心，旋律眞的很動人。許多病友其實唱得很辛苦，或許音準、音色沒有專業歌手好，但他們仍在台上大聲奮力演唱。他們的父母也一起大聲唱，一邊帶動作鼓勵著他們，大家緊緊握住彼此的手，這個畫面眞的很令人動容……

父母親對於孩子的愛眞的非常偉大，無論孩子生了什麼病，無論發生什麼大事，父母對於孩子的愛都不曾減少或改變。縱使在面對、接受、適應的過程中，會怨懟命運，甚至憎恨命運，但最終因爲愛，因爲無以倫比偉大的愛，父母仍然會咬著牙，給予孩子無微不至的呵護和照顧，絲毫不差。就這點來說，這就是成熟的人格表現。如同我說過的**「責任的承受程度，代表成熟程度」**。

記得一位罕見病友的爸爸說過：**「上帝看著人間，挑選最有愛心的父母，把罕見疾病的天使送給他們，讓世間見證偉大的愛，讓人們學習珍惜、學習愛，讓世界因此充滿更多的愛！」**

以前剛開始接觸罕見病友時，我只有捐錢給他們，這過程中，內心裡多多少少對他們帶有一些些「同情」的成分，覺得他們「很可憐」，所以在我能力範圍內「施捨」他們一些，也算是做好事。直到後來慢慢有機會參與罕見疾病基金會的相關活動，與病友們有更多的接觸後，讓我有更深層的人生體悟。

從他們身上，我總是看到一個又一個偉大的人生奮鬥故事！憑心而論，以他們承受的病痛苦難，只要呼吸活著，就是一位值得尊敬的生命鬥士，何況，他們還努力讓自己的人生過得更好！

我常問自己，如果與他們有相同的人生遭遇，是否仍然可以達到我目前的成就？說實話，我內心的答案是否定的！

這讓我打從內心敬佩他們，並將他們視為我的生命導師，從他們身上，我學習到「謙卑」，去除對於自己成就的「驕傲」，我更體悟到什麼是眞正的「善行」！

病友們不是我幫助的人，相反地，我才是受他們幫助的人。我們不是捐贈者與受捐贈者的關係，我們是「朋友」。

「給乞丐的錢，請蹲下來輕輕放下，因為這不是施捨，而是分享。」——劉墉

「眞正的善行裡，沒有驕傲！」——至善基金會創辦人　善山師父

在當晚的音樂會裡，有一位病友，名叫夢丹，是一個非常可愛的女孩子。她罹患的是「先天性水皰症」，俗稱「泡泡龍症」，這是一種罕見的遺傳性疾病，病友一出生，皮膚就異常脆弱，稍微摩擦就會造成破皮或產生腫大的水皰或血皰。最嚴重的瘢痕型不只是皮膚，口腔、舌頭、食道等黏膜部位也會起水皰。病友每天都要不斷換藥包紮，

但仍會不斷產生新的傷口，目前並無根治的方法，這樣的痛苦一般來說會伴隨病友一輩子！

夢丹並沒有因爲病痛而放棄自己，放棄人生，她不斷努力進修，雖然比其他正常人多花上數倍、數十倍的時間、心血，但她每天仍痛苦堅持，現在她是一位優秀的電腦工程師！

當夢丹與大家分享她的心路歷程時，其中有一句話，深深地震撼了我的內心。夢丹說：「我的人生因爲缺陷，所以完美，但許多人的人生卻因爲過於完美，所以有缺陷。」

這竟是從一位年僅二十幾歲的年輕人口中說出來的話，讓我驚訝不已。這句話隱藏著非常高深的人生道理，可見夢丹雖然因爲病痛吃了異於常人的苦，但上天也讓她領悟了非常人可以體會的人生眞理。

許多人的人生因爲過得太舒適、太完美，所以稍有不快，或遇到稍不如意的人、事、物時，就覺得人生很痛苦，覺得人生沒有意義，甚至輕生。但夢丹從小忍受的病痛之苦，日常生活的一切，不只是不方便，是非常非常艱辛的，她的每一天、每小時、每分鐘、每秒，都在歷煉。因此，雖然她只是參加合唱團，縱使她必須很辛苦地唱歌，但唱歌所獲得的滿足、快樂，就已經是無限大，讓她深深地感受到生命的美好，忘卻身體的一切苦痛、缺陷，在這瞬間，已有佛家所稱「涅盤」的境界。

當你可以接受不完美，你的心態就會趨近於完美。

在我眼中，夢丹一點病都沒有，她的心是那麼的堅強、不可撼動。

當你懂得感恩，就會感覺到幸福，就會懂得回饋，就會懂得關懷別人，這會讓你認識更大的世界，讓你認識更深層的自己，讓你學習體悟平靜、喜樂的心靈智慧，擁有一顆強大的心，去接受人生不可避的苦難、缺陷和不完美。

不完美的人，完成不平凡的事

彥萍是我國小四年級的同學，個子很嬌小，有著一雙可愛的丹鳳眼。父親是清潔隊員，媽媽在餐廳當洗碗工，家裡的經濟條件很清苦。父母極度重男輕女，只重視兩個弟弟，弟弟只要專心念書就好，家事就全部都落在彥萍的身上。

她每天放學回家後，第一件事情就是準備全家人的晚飯，吃完晚飯，她必須洗碗、打掃家裡，如果稍有做不好的地方，爸媽就是一陣毒打，所以常常可以看到彥萍身上黑一塊、紫一塊的。

彥萍平常在學校很乖，但話並不多，個性很內向，因爲我是她最好的朋友，家裡的事她也只有跟我提起過。剛開始聽到時，總覺得不太相信，怎麼會有父母這樣重男輕女，這樣對待自己的孩子。直到有一天我們在玩遊戲時，我無意間碰到彥萍的手，發現竟然如此粗糙，簡直跟我做水泥工阿伯的手一樣粗！我這才相信她說的事……

記得某次期中段考後，學校公布成績，我一如以往拿到了全班第一名，當自己看到成績單上的排名寫著「1」時，那種爽感眞是難以言喻。

就在那天放學後，我和幾個男同學到操場去打躲避球，大約六點左右，我看到彥萍一個人坐在教室沒有離去，於是我走進教室。

「彥萍，你爲什麼不回家啊？你不是應該回家煮飯嗎？」

「我不敢回家。」彥萍有些害怕地回答。

「爲什麼不敢回家？」

「因爲我考不好，我怕挨打……」

彥萍那次的段考成績是班上倒數第七名，她的成績一向不好，可是想也知道，如果每天晚上回到家後要做這麼多的家事，誰還有體力、精力把書念好？

「考不好有什麼關係？又不是第一次沒考好，跟爸媽說下次再努力就好了啊。」

「可是，阿母說如果這次再考不好，就要把我槓乎死！」彥萍有些顫抖地說。

那時我因爲考到第一名，心情正好，正打算趕快回家跟爸媽請功，對於這句話也就沒有多加留意，只是一味地打發她回去：「拜託，別想太多，沒這麼誇張好不好，我每次調皮闖禍時，我阿母也常說要把我槓乎死。」

彥萍看我似乎不打算聽她說心事，背起了書包離開教室。她的背影逐漸離開我的視線，我這才發現，她今天連句「再見」都沒跟我說，顯然是有些生我的氣。管她的，過幾天就好了，我沒想太多，也趕緊收拾書包回家吃飯去。

當天晚上大約八點半，家裡的電話響起，彥萍的媽媽急切地問我，知道他們家彥萍到哪去了嗎？

顯然彥萍沒有回家……一個小學四年級的孩子可以到哪裡去呢？

一個強烈颱風在海上已經形成許久，預計半夜要發布陸上颱風警報……

星期六從中午開始風雨開始變大，到了晚上，外頭的風雨已經大到調皮的我都不敢出去玩了！這時，彥萍媽媽又打了通電話到家裡：「峰源，彥萍有去找你嗎？她昨天一整夜都沒有回家，我快急死了！」

聽到這樣的詢問，我心裡有著一絲絲不祥的預感，我知道彥萍不可能是去找任何人，因爲她的朋友很少……除了我以外……這時候她一定是一個人在某個角落裡……

但在風雨交加的颱風夜，她會到哪裡去呢？

彥萍的爸媽發動左右鄰居還有警察一起尋找，隨著風雨加大，所有人也就更著急，但始終沒有彥萍的消息……

星期一早上上學時，班上的氣氛怪怪的，訓導主任罕見地出現在我們班上，我心一揪，立刻跑進教室！

果然，出事了……彥萍的書包和便當盒在忠孝橋下淡水河岸的農田邊被找到，當然還有彥萍深陷泥濘的遺體……

聽到這個消息，我的鼻頭一酸，心想著，如果當時我陪她說說話，會不會、能不能不要讓這個悲劇發生？

彥萍的父母後來也來到教室，不斷放聲哭泣，似乎這時候才感覺到彥萍是他們的孩子，但一切都晚了……

後來聽老師說明，彥萍應該是星期六晚上一個人坐在忠孝橋邊上，心裡猶豫要不要跳下去，可能是被風給吹了下去，因爲檢察官發現她屍體面向農田泥地，手指頭和腳趾頭都蜷曲著，代表在落水時有著激烈的掙扎！

聽到這樣的分析，我心裡頭難過極了！想像當時彥萍一個人，一定很緊張、無助，因爲已經晚回家，如果那時候回家一定會被打得更慘，所以就更不敢回家，在風雨交加的夜晚，這樣的心情一定更爲複雜，最後終於導致這場不幸的發生。

經過近二十年的現在，我心中的自責卻仍常常在颱風夜時無意喚起……

從那個不幸發生後，我告訴自己，當我有能力、有機會可以影響人、改變人的命運時，一定要好好把握機會，不再讓任何遺憾發生！

所以現在的我，時常在許多學校演講，分享我的故事，縱使我的時間很少、行程很滿，我仍然盡力抽出時間去做這件事情。

我從小清苦、奮鬥苦讀的故事，雖然感動人，但對於我自己而言，有著許多辛苦，甚至是親人死別分離的痛苦回憶、遺憾。曾經有一度我不喜歡談論我的故事，因爲每次提起，總是觸痛我內心深處的不捨、遺憾。但每當學生聽過我的演講，或者看過我的書以後，因而幫助他們從貧窮的命運裡看到逆轉成功的希望、從不幸的人生中解脫出來，產生正面的能量或啓發時，這些反饋總讓我十分感動，也讓我感受到，自己原來有超越一個律師所能發揮的影響力！

這一切人生的刻痕、烙印，也許就是上天的刻意安排，希望我繼續努力、奮鬥，去影響更多的人，讓這個社會少些遺憾，增加更多的正面力量。

我是一個小人物，可以產生正面的影響力是一種機緣、福份，如同奧運跆拳道銅牌選手曾櫟騁所說：「**不完美的人，完成不平凡的事！**」

那……我就繼續去做命運安排的事吧！繼續奮戰吧！我的戰鬥人生！

PART 2
準備好的人，才能把「機遇」變「機會」

老闆與員工的不交叉曲線

ＥＭＢＡ是許多企業家在事業成功後喜歡去就讀的學系，一來可以讓自己在專業知識上充電，二來可以拓展人脈。王董是我的好朋友，他在朋友的建議下，報名並考上了一所知名的ＥＭＢＡ。

因爲ＥＭＢＡ的學生幾乎都是企業家，平常業務繁忙，在課程中相關報告的準備就顯得無暇應付，所以在必要時刻，全職的碩士生學弟妹們就派上用場了。通常這些企業家們都會付費請學弟妹幫助「蒐集、整理」資料，他們再稍做修改後就可以完工。對於這種特殊的現象，學校基本上都是睜一隻眼，閉一隻眼。

王董是上市公司的老闆，業務繁忙的程度可想而知，所以當期末報告繳交日期接近時，他也是遵照「傳統」，和其他同學們每人付了3千元，一起找梅玲這位碩士班學妹幫忙，然後再由梅玲分別轉包給其他同學。

過了兩個星期，王董收到了「整理」好的報告後，發現報告的內容資料不完整、錯字連篇、毫無深度，一整個就是非常混的狀況。王董很生氣，打電話問了其他EMBA的同學後，發現大家都遇到類似的問題，於是王董打電話給梅玲，想要請這些學弟妹們修改報告。

梅玲與大家溝通後，遇到一個大難題，就是「承包」的同學們沒什麼修改的誠意，退回去修改後，品質還是沒有顯著的提升。當梅玲再次要求他們修改時，他們表示這樣的報告內容及品質已經可以「交差」了，反正只要不被當掉就好，幹嘛要求這麼高？何況只拿了3千元，這樣的內容已經很不錯了！

經過梅玲再三溝通，問題還是沒有解決，大家似乎就僵在這邊了！王董已經做了最壞的打算，準備自己熬夜趕工。

就在王董心情煩悶地泡了杯濃縮咖啡，在自家書房準備親自寫報告時，突然接到梅玲的電話，她向王董說：「這份報告是由我向學長姊們承包的，我有責任把這件事完成，所以接下去的修改工作就交給我來完成吧！」

王董聽到後很開心，心裡的大石頭終於放下，突然覺得濃縮咖啡一點都不苦澀了，明天一早他又可以和球友相約打最喜歡的高爾夫球了。

後來，王董收到梅玲修改後的成品，發現不但品質好、深度佳，還外加一個精美的封面。王董開心得不得了，立刻打電話與其他同學分享，這才發現，原來不只是他的報告，連其他同學的報告也都是由梅玲一個人善後處理的，而且品質都非常好。

因為梅玲勇於承擔責任，才使得所有ＥＭＢＡ的老闆得以順利過關，而有個愉快的暑假，大家對於梅玲這位小學妹也留下深刻而良好的印象……

過了一年多，王董終於要畢業了，梅玲和她的同學也要從碩士班畢業。這一年剛好遇到金融海嘯，所以梅玲的同學們找工作都不是很順利，履歷是一家一家投，但面試的機會少之又少，縱使難得有面試的機會，也都沒有下文。正當大家都愁雲慘霧時，沒想到梅玲竟然被一家知名的外商投資公司錄取，而且薪水是一般碩士生的一點五倍！

所有同學都很好奇，到底梅玲是怎麼辦到的？

當梅玲被通知面試時，面試主管跟她說：「我們對你會如此好奇的原因是，總共有四家上市公司的董事長和十多家公司的老闆或高階經理人為你寫了推薦函！這些商場的成功人士一致認為你勇於承擔責任，是不可多得的年輕人，很值得栽培。所以，我們決定以高於平均水準的薪資錄取你，希望你可以放棄其他公司，直接到我們公司上班。」

原來，這些ＥＭＢＡ的學長姊們得知梅玲很想進這間公司時，便說好一起寫推薦函，為梅玲好好「關說」一番，果然讓梅玲在眾多競爭對手中脫穎而出！

由小見大，是許多企業家前輩教導我觀察人才的方法。

許多年輕人對於工作抱持的態度是拿多少錢，就做多少事，絕不多做，因爲多做就會吃虧！

所以在職場上做事的品質總是達不到老闆的要求，但他們也會說：「老闆才給這點錢，憑什麼要求我做這麼多事？品質要求這麼高幹嘛？」不然就動不動要求老闆加薪，因爲他們認爲再多做就是吃虧！

你會算，難道老闆們不會算？所有老闆不但都會算，而且還都遠比你想像的會算！因此，每個老闆都希望員工創造的產值可以遠超過他們的薪水。這種老闆與員工相反的心態表現，我稱它「**老闆與員工的不交叉曲線**」！

在職場中，這種不交叉曲線的緊張關係，眞正的勝利者通常是老闆，因爲他們是付錢的人，如果你不願意屈就眼前的工作，多的是人在你後面排隊，而當你以絕不吃虧的心態負氣離職後，卻很有可能找不到比目前待遇更好的工作。

這也就是爲什麼許多年輕人剛出社會時，工作一個換過一個，但薪水卻沒有增加，甚至還越換越低！因爲當你抱著這種絕不吃虧的心態，其實不論到哪裡都會吃虧的！

人其實不用太會算，而且許多事物最終的得失，也不是從眼前膚淺的數字來做衡量

的！

當你的薪水是三萬元，而你卻可以爲老闆創造十萬元，甚至二十萬元的產值時，眞正會算的且有遠見的老闆爲了留住你，勢必會爲你加薪，但如果你還是堅持不吃虧，所以永遠故意把工作產值控制在二萬九千元或二萬九千九百九十元，試問，如果你是老闆，你會怎麼做？

「**吃虧就是占便宜**」是一句很老掉牙的話，但卻異常實用！

我們剛出社會時，什麼資源都沒有，靠的就是拚鬥的精神，這樣的精神必須被看見，所以「關注資本」很重要，也就是讓老闆覺得「好用」「經濟實惠」很重要，這樣一來，好的機會才會輪到我們。

如果我們一味抱持絕不吃虧的心態，那我們必然成爲老闆眼中可有可無的角色，不但不可能加薪，升職更是妄想！

也許你會說，如果不管我再怎麼努力創造「超額價值」，老闆都沒幫我加薪、升職怎麼辦？

我的經驗是，當你創造超額價值，老闆就會交辦你更多、更進階、更難的工作，你能學習、吸收到更多的經驗，讓自己變得「更好用」，甚至是「非常好用」。如此一來，縱使你的老闆「不識貨」，你也別擔心，多的是更多識貨的老闆排隊等著爭取你！

是黃金，總有發亮的一天！

但要成為高價值的黃金前，必須接受冶煉、雕琢，人也是這樣，真正有不可取代價值的人才，都是必須經過「吃虧」努力付出的過程，讓自己有機會從不起眼的礦石，被機車的老闆不斷利用、磨練、刨光，最後讓內在的黃金顯現！

鴻海總裁郭台銘說過：「人材、人才、人財；歷練、歷煉、歷鍊！」

英雄不怕出身低，只要肯吃虧，去承擔更多的工作、歷練、挑戰，讓自己千錘百鍊，就能成為大老闆眼中難得一見的「大才」！

成為頂尖之前，必要的苦練

我第一次接觸羽球是在小學三年級左右，由我大哥許順智教導我羽球的基本動作。大哥當時是三重國中羽球校隊，而且是台北縣第一單打，但他在國二，也就是我小學四年級時，不幸在淡水沙崙海水浴場發生意外而喪生。

雖然大哥不在了，但我已對羽球產生濃厚興趣，所以一直持續接觸羽球。在我升上國中、參加新生盃羽球賽獲得冠軍後，就正式加入三重國中羽球校隊，接受正規訓練。

當時我的啓蒙教練周西智老師，是個非常用心、嚴格的教練，此外，因爲大哥的緣故，教練對我有著比其他隊友更多照顧和期待，加上大哥當年就是台北縣第一男單，我心裡想著，絕不能讓我大哥丟臉，我要更用心把球技練好。

經過一年的訓練，我終於有了第一次正式出場比賽的機會，當時的我信心滿滿！我的第一場比賽遇到的對手是別所國中羽球代表隊的高手，他是當時的第一男單，對上我這個菜鳥，結果可想而知，我被狂K了一頓，以兩個15比0結束！我吃了兩顆大鴨蛋！

這就是我第一次比賽的經驗，只能用一個「慘」字形容！

經過那次慘痛的教訓後，我一直尋求讓自己球技進步的機會。周老師看我這麼認眞練球，便告訴我球館晚上會有一位很有名的教練在教球，要我有機會可以去觀摩學習一下。

記得我們球隊當時下午的練球時間是四點到六點，六點以後球館會有其他會員叔叔阿姨來打球。他們另外聘請一位國家級教練陳老師，他當年是全國男單排名第一的好手，後來任教於中國石油職業羽球隊，他的教球經驗豐富，讓他教過的學生球技都會有長足的進步，只是他的鐘點費很昂貴，我記得是每小時1千2百元！

雖然，我已經在校隊裡接受訓練，但我想要更多的訓練，想要得到更多球技磨練的機會。我心想，如果可以接受陳老師的訓練，我的球技一定會有很大的進步，這樣我才有機會和我大哥一樣成爲台北縣第一男單選手。

只是陳老師的鐘點費很貴，加上家裡並不贊成我打羽球，我根本沒有辦法循正常付費的管道來接受陳老師的指導，這個問題讓我很苦惱。

後來，我每天在校隊練完球後，總是留在球館裡，等其他會員來以後，有禮貌地向他們問好，在其他人還沒來以前，我就陪他們熱熱身，和他們多多認識，久而久之，他們開始會找我下場打個一兩場，增加我可以和社會組業餘好手磨練的機會。等到七點左右，陳老師就會到，並空出一個場地專門給他教球用，而其他會員就利用剩下的三個場地打球。

經過一段時間觀察後，我發現，陳老師在場上不斷發球給會員打，每一整輪發出去的球約有六百顆左右，等球發完後，所有人必須停下腳步，把球撿成三十顆一排，共二十排，好讓陳老師可以繼續下一輪的發球。但因爲會員們都是付費的人，對於撿球這個無趣的苦差事總是意興闌珊，陳老師只好自己下來把球撿好、排好。

看到這個現象後，我開始在陳老師發球給會員們打的同時，默默地、勤快地在他背後把地上的球撿好、排好，當他把六百顆球都發完的同時，我也差不多把地上全部的球都撿好、排好在他身旁了！一開始，他非常驚訝，不知道我是哪裡來的小孩。我很有禮貌自我介紹，並跟他說，我是三重國中的校隊，非常欣賞、崇拜教練的球技，所以願意在旁邊幫教練撿球，並觀摩學習。

經過幾個星期後，有一天，陳老師一如往常教球到九點結束，但突然叫了我一聲：「許峰源，你去拿球拍上來，讓我看一下你的基本動作。」聽到這句話，我傻住了，還以爲聽錯了！再一次確認後，我趕緊去拿我的球拍，與陳老師對練幾球後，教練立刻看出我球技的盲點，並加以糾正。

從那天起，陳老師總會在教完會員打球後，利用二十到三十分鐘免費指導我的球技，並指示我平常應該加強訓練哪些基礎肌力、體能。

其實，除了陳老師以外，我還要感謝當時球館的叔叔阿姨們的寬宏大量，因爲平常陳老師教球到九點以後，那個場地就會空下來給其他人打，但後來陳老師都會再多占用個三十分鐘來教我這小毛頭！可是因爲大家都知道這小毛頭很認眞練球，而且每天晚上都特意留下來陪他們打打球、跑跑腿買飲料，嘴巴又甜，所以也就不計較了，甚至還會囑咐陳老師要多「操」我一點，讓我變得更強！

經過半年左右，我的球技有了很大的進步，肌力、體能也有明顯的成長，特別因爲跳繩的特訓，我的身高也從一六九公分長到了一七九公分！我的改變讓所有隊友及教練嚇了一大跳！

後來，在全縣師生盃羽球賽，我再度遭遇到之前狂電我的那位選手，但此時我已非昔日吳下阿蒙。果不其然，在那場的對決中，我扎扎實實擊敗了他，一戰成名，讓台北縣各校正式認識了我這位選手。我的苦練有了最甜美的回報，更讓我開心的是，我沒讓我大哥丟臉！

有一天，陳老師一如往常幫我特訓完後，我們坐在操場的跑道上聊天。

陳老師笑著對我說：「峰源，現在像你這樣願意在場地邊撿球的孩子不多了，這也是我願意義務教你打球的原因，你也爭氣，沒給我漏氣！」

陳老師接著說：「記得幾年前，我也遇過一個一樣的孩子，默默地在我背後撿球，他家境清寒，熱愛打羽球，雖然他打球的天賦並不高，但是個非常苦練的孩子，所以後來我也義務教他打球。」

陳老師嘆了口氣說：「唉，可惜他拿到台北縣男單冠軍後沒多久，就意外溺斃走了。」

我心裡一驚，問陳老師這位孩子的名字。他說：「那孩子叫做許順智。怎麼了？」

這時，我望著夜空，輕輕地跟陳老師說：「許順智是我親哥哥……」

「想得到貴人的提拔，就要記得，第一，時常出現；第二，主動表現；第三，留下貢獻；第四，一定被發現！」

——知名演講家張錦貴

只要你願意做大家不願意做的苦工，總是願意比別人多付出一些，縱使剛開始好像是吃了虧，像個傻瓜一樣，但時間一長，機會總會降臨在你身上的。所以「天公疼憨人」（台語）這句話，一直是我深信的道理。

忠誠，是我的強大資產

因爲我大哥的關係，我從小學三年級開始接觸羽球，從第一次接觸開始，我就喜歡上這項運動。但大哥在國二時，因爲球隊隊友帶他去玩水，不幸溺斃。從那時候起，羽球似乎就成爲我們家裡禁忌的話題。

我上國中後，參加了學校舉辦的新生盃羽球賽，我在國一組獲得男單冠軍、男雙冠軍。此外，我還越級參加國二國三組挑戰賽，獲得了男單亞軍、男雙冠軍！

因此校隊的教練周西智老師注意到我，特別來找我，詢問我是否有意願參加校隊。當他知道許順智是我親大哥時，驚訝不已，當時我大哥已經是校隊的隊長，也是台北縣第一男單，如果持續加以訓練，以後在羽壇上也許有大展長才的機會，所以從他的眼神中，我可以感受出他很心疼、惋惜……

因爲學區的關係，我們三重國中學生的家庭經濟狀況通常不太好，學校升學率也不高。此外，因爲我們學校的羽球校隊當時是台北縣第一強隊，只要肯努力拚，就有機會透過體育保送的管道升上高中、大學，學費部分都有補助，甚至還會有生活費、營養金等。因此，加入羽球校隊是當時我們學校學生的首要選擇，每次新生甄選都會有上百人參加！

記得當時我大哥也是因爲這個緣故參加了羽球校隊的甄選。大哥跟我說：「家裡經濟不好，只要我好好打羽毛球，不但可以讓阿爸阿母不用擔心學費的問題，還有機會上大學，以後當教練就可以幫家裡賺錢了，爲了這個我一定會好好拚的！拚個全國冠軍！」當然，我大哥後來因爲意外，無法達成這個願望……

我知道全國冠軍是大哥來不及完成的夢想，所以我想要加入校隊，除了自己熱愛羽球外，某種程度也是爲了幫大哥圓夢。但羽球在我們家是禁忌的話題，何況還加入我大哥以前的羽球校隊！如果讓我阿爸知道，一定會被揍個半死！因此我只好偷偷參加……

記得跟我同梯進去的新生大約一百多人，但經過一個星期的訓練後，只剩下不到三十人。再過一個星期後，只剩下不到二十人。經過一個月後，只剩下七人……因爲眞的太操了！光是青蛙跳兩百公尺的操場一圈，就已經讓你不只是腿軟，是根本站不起來。隔天連下床都需要跟上帝禱告，祈求祂賜予你勇氣和力量！

當時我們下午四點練球，練到晚上六點左右，當練完球，我只能夠把球具偷偷放在球隊休息室，當阿母發現怎麼每天都要換這麼多件衣服時，我還亂吹是因爲打籃球的緣故，多打一些籃球才會長高、轉大人（台語）。

這樣的日子經過了一年半左右，經過這一年多的苦練，我從一位菜鳥，逐漸在台北縣的羽壇中嶄露頭角。原本台北縣的冠亞軍一向是由我們三重國中和漳和國中拚鬥，但當時卻意外竄起了A國中，並開始奪得冠軍，打破了由我們三重國中保持連霸的紀錄！

當時我們球隊因爲人才斷層的緣故，整體戰力不夠完整，雖然仍是一支勁旅，但始終在團體賽中難以獲得全面性的優勢，每次都被A國中搶得冠軍寶座。

雖然A國中獲得冠軍，但是，他們對上我們球隊的比數永遠是三比一。（羽球團體比賽分爲五點賽制，分別是單打、單打、雙打、雙打、單打，搶得三點就可以獲勝。）因爲我是排第一點單打，不管他們派出哪一支單打，永遠沒辦法在第一點男單中獲勝……

有一天練完球我回到家後，我阿爸阿母竟然很嚴肅地要我考慮看看，要不要轉學到A國中去參加羽球校隊！

我一整個傻眼！爲什麼阿爸阿母會知道我參加校隊，還知道A國中！

原來，經過幾次大賽後，A國中也放棄要在第一點男單中取勝，改換招數，乾脆直接挖腳比較快！所以，他們透過關係來到三重國中拜會我們校長，表達希望爭取我轉學到該校去，校長請我的啓蒙教練處理。周西智老師爲了給他們軟釘子碰，明知道我阿爸阿母最討厭我打羽球，更何況是要轉學去當職業球員，肯定會讓他們碰一鼻子灰，因此告訴他們，這件事還是要尊重學生和家長的意願，所以「拐」他們到我家拜訪我阿爸阿母……

聽說那天他們由副校長領隊，一共來了六個學校高層，誠意十足，並開出了很不錯的條件：第一，我的學費全免；第二，我可以住在副校長的家裡，不用來回通勤；第三，學校還會提供獎學金、營養金；更重要的是第四，會安排我進資優班念書，把我的功課顧好。他們耗了一整個下午，不斷表達會用盡全力栽培我，而且只要我加入A國中以後，他們球隊就有了和全國勁旅一爭高下的本事，到時候只要取得全國前六名，就可以保送高中、保送大學，以後可以多有前途，可以如何如何……

沒想到，阿爸阿母竟然被說到鬆動了！最後給他們一個承諾，只要我自己有意願到A國中去，他們沒有意見……現在是萬事俱備，只欠「我同意」這個東風了……

雖然，我知道A國中的整體戰力比較強大，加上球隊的資源豐富，我很有機會成爲耀眼的體育明星，但當時我幾乎沒有多想，就直接拒絕了這個機會。我很嚴肅地跟A國中的教練說：「很謝謝你們的好意。但第一，我的球技都是我啓蒙教練周西智老師所教，如果背叛他來打他的球隊，我怎麼對得起教練？第二，我的隊友雖然沒有像你們球隊一樣強，但至少我們是一起打拚的隊友，我沒有辦法接受穿著別隊的球衣來對抗自己的隊友！」

後來我沒有轉學，阿爸阿母似乎也發現我打羽球的天賦，就不再那麼反對我打球了。我和我的隊友繼續一起苦練、拚鬥，經過一年多後，我們球隊靠著自己的努力、團結，再一次奪回了台北縣冠軍！這是很值得留念的回憶，因爲這個冠軍榮耀是由一群菜鳥共同吃苦、挨罵、咬牙奮戰獲得的，不是靠著背棄教練、背叛隊友得來的自私利益。

做人要忠誠，這是大家都知道的基本道理，但做到的人卻不多，特別是在利益的眼前，一切道德倫理黑暗面都將現形！

我始終認爲，爲人忠誠是我在社會上很強大的競爭資產，人的一生需要許多貴人，而貴人提拔你的重要動機就是「忠誠」。道理很簡單，你會栽培一個很有能力但未來會背叛你的人嗎？能力越強，背叛的力道就越大！因此，從這個角度來談，在街頭社會學裡，「忠誠」是比「能力」重要的。

我永遠記得，一位前輩對我講過一句很有震撼力的話：「阿源，你有看過哪隻狗只是因爲隔壁的狗食比較好吃就背棄牠的主人嗎？如果一個人連忠誠都做不到，就連狗都不如了！」

千萬別認為遲到是一件小事

以前在大學念書的時候，早上八點的課，如果老師沒有點名，幾乎沒有準時到過，相信這是絕大多數大學生的共同經驗與習慣。

出社會後，與人相約吃飯、會議等，也常常習慣遲到個5分鐘，準時到達很是罕見，提早到更是天方夜譚。

這樣的習慣看似沒什麼，實際上，卻使許多年輕人喪失成功的機會！

有一回，我和一位從事成衣貿易的李董相約吃飯，約好六點整在台北晶華酒店碰面。這位李董是一位很成功的企業家，平時很照顧我，是我非常重要的貴人。

那天我在事務所忙到五點半，仍然抽不開身，眼見時間有點趕，我匆忙結束會議，離開事務所的時間是五點五十五分。我打了通電話給李董，跟他說我已經快上忠孝橋，會晚5分鐘到，請他稍等一下。

李董說：「沒關係，你慢慢來。」

到了六點五分時，我明明才剛坐上計程車，又撥了通電話給李董，跟他說，我已經在忠孝橋上，但忠孝橋上大塞車，所以會再晚一點到，請他再等等。

李董說：「沒關係，你慢慢來。」

到了六點十五分時，計程車上了忠孝橋，眞是倒楣，還眞的遇上了大塞車，在橋上足足塞了二十五分鐘，到了六點四十分才下忠孝橋。這時我知道已經大遲到，但還是硬著頭皮打給李董說：「我已經從忠孝西路轉進中山北路，再一下就到了，請您再稍等一下下，眞的很不好意思。」

李董說：「沒關係，你慢慢來。」

當車子下忠孝橋，開進忠孝西路、行經台北車站時，又是一陣大塞車，眼看中山北路就在眼前，但是就是開不到，只能非常緩慢地移動。我心急如焚，但已經沒有勇氣再打給李董了，因爲我的手錶顯示的時間是七點整！

這時我不斷看著手錶上的秒針移動，因爲掰不出其他更好的理由，又遇到大塞車，心裡浮現一種很特殊的緊張情緒，相信只要有遲到趕時間經驗的朋友們，就可以深刻體會這種心情，明明距離就不遠，但因爲塞車就是到不了，一整個希望車子有翅膀可以飛起來！

在計程車裡，我根本不敢拿起電話打給李董，只能隨著秒針一秒一秒慢慢度過這尴尬的時期，心裡不斷祈禱趕快順利到達晶華酒店！

歷經千辛萬苦與心理煎熬，終於到達晶華酒店，這時是七點十五分！眞的是讓我心裡感到忐忑不安，不知道等一下見到李董該怎麼解釋，該怎麼讓他別生我的氣。

奇怪！怎麼沒有看到李董？我心裡有著不祥預感，拿起手機打給李董。

「喂，李董。」

「沒關係，你慢慢來。」我話還沒說完，李董接著說。

「我已經到了晶華酒店門口，怎麼沒有見到您呢？」我緊張地詢問。

「喔，你到了，我已經走了啊。」李董輕鬆地回答。

「您……已經走了！」我一整個傻眼！

「對啊，所以我說沒關係，你可以慢慢來。」

「我……」我一瞬間不知道該說什麼。

「峰源，下次我們有機會再約吧。」話一講完，李董的電話就掛了。

我在晶華酒店的門口呆坐了半小時，對於自己犯下的錯誤懊惱不已。

經過幾個月，李董都沒有和我連繫，直到有一次我們在一個宴會場合中碰巧坐在一起。

「峰源，你有想通那天我爲什麼會直接離開嗎？」李董問。

「我知道，我不該遲到，對於那天的事情我眞的感到很抱歉。」我非常低聲下氣地說。

「還有呢？」李董似乎希望我可以悟出更多的道理。

「我……」我又無言了。

李董沉默了一分鐘左右，看我沒有回應，就開口說：「年輕人總是會遲到，你知道爲什麼嗎？第一，他們不夠尊重別人時間的價值，所以很輕易浪費別人寶貴的時間。可是當你不尊重別人，別人絕不可能看重你。第二，會遲到代表信用不良。當你承諾別人幾點到就是幾點到，說一句是一句，這是一種信用的表現。可是當你總是遲到，代表你之前給的承諾都是廢話，一點信用都沒有，你如何讓別人信任你？第三，爲遲到找藉口只是一錯再錯。當你明明知道已經會遲到了，還要找一大堆藉口來掰，只是讓人感到厭惡，代表當你犯錯時，你不會在第一時間勇敢面對，承認並改正錯誤，只是企圖想透過謊言逃避。可是，當你把別人當笨蛋時，其實你自己就是笨蛋！」

「峰源，我把你當自己弟弟看，所以才會點破這些道理給你知道，希望你謹記這個教訓，千萬別認爲遲到是一件小事，其實它是別人觀察你能否做大事的關鍵點。」李董語重心長地說。

那一次教訓後，我和別人相約，總是告訴自己千萬千萬不能遲到。我後來發現——

其實，要避免遲到，真的一點都不難，只要「早點出門」就好。

就是這麼簡單，但你做到了嗎？

大家都知道「信用」是人一生最大的資產。許多人初出社會，常常會在不自覺的情況下，任意揮霍這無可取代的資產，導致自己信用破產，縱使你有再專業的技能、再多的優點，都難以彌補。

許多「街頭社會學」，沒有人點破的話，自己是難以悟出的。許多事情在你看來是一件小事，但其實背後隱藏著許多重要、關鍵的道理，「遲到的習慣」就是一個鮮明的例子。

想要成爲一位有信用的人，就從不遲到開始吧。

年輕人沒有「慧根」，也要懂得「會跟」

我在二十八歲時加入扶輪社。扶輪社是世界知名的社團，在台灣更是許多企業老闆、社會菁英的聚集之處。我當時年紀非常輕，社會歷練也淺，非常猶豫要不要加入。不過，在當時的社長及創社社長的鼓勵下，我下定決心加入了。

加入扶輪社後，發現每個月要繳不少月費、捐贈費，且每個星期都要參加例會、聯合例會，此外還有多次國內外旅遊等活動。對於剛入社會的我，無論在財力上、時間上的付出，都是很有壓力的。但無論再忙，我都想盡辦法出席所有扶輪社的活動，我甚至得到了「年度全勤獎」的榮耀呢！

每當參加例會時，我總會利用用餐時間，仔細聆聽老闆們的對話內容，他們總是談論著各種「生意經」，讓我收穫良多。此外，只要聽到老闆們有出遠門去談生意、旅遊、打高爾夫球的計畫，不管再忙，我都會想盡辦法排出時間，並千求萬求老闆們讓我當一個「小跟班」。

我利用這樣的機會和老闆們走遍大陸成都、深圳、廣州、蘇州、杭州、上海、南京、澳門及香港等地，見識到外面世界的大局面，更在老闆們身邊歷練無數次商業談判的戰役。當然，也因參與了高爾夫球隊的海外球敘，有機會和老闆們有更深入交往的機會。

經過幾年後，我發現，無論在思維、經驗、閱歷、格局、交情上，都有著極深入的進步。相較於沒有加入扶輪社前，在經商的功力上，好像被老闆們打通任督二脈似的，簡直脫胎換骨！

我知道我的年紀非常輕，沒有家世背景，父母親又早逝，能夠有機會接觸這麼多大老闆，是很難得的機會，我非常感謝不嫌棄我的前輩，更珍惜可以從他們身上學習的任何一分一秒。

> 想變得富有，你就必須向富人學習。就算在富人堆裡站上一會兒也好，至少會沾到富人的氣息。
>
> ——猶太聖經《塔木德》

多年前，有一本暢銷全球的書《有錢人想的和你不一樣》，談到有錢人異於窮人的思維。**有錢人之所以有錢，不只是因爲他有錢，更重要的是，他有著一個有錢人的腦袋；窮人之所以窮，不只是因爲他沒有錢，更重要的是，他有著一個窮人的腦袋！**

在這社會上，通常是富者恆富，窮者恆窮。而造就富人與窮人的關鍵，就是「思維」，如果你的思維沒有改變，縱使每天努力上班做到死，也僅能掙錢餬口，賺來的錢最終還是會落入富人的口袋裡。這種思維沒有辦法靠單純個人的努力、想像來加以突破。

我稱這樣的現象爲**「自我想像的局限」**！

就像如果你是一位棒球選手，在台灣業餘球隊領域，永遠無法想像美國大聯盟等級超過一五五公里時速的快速球，這是沒有辦法靠幻想來面對和突破的挑戰，這就是所謂的「自我想像的局限」。

同樣的道理，運用在賺錢這件事。請你試想看看，如果要現在的你賺到一百萬，以你目前的「自我想像」，可以想出哪些方法？例如乖乖上班，每個月領個三、四萬，然後每個月存一萬，必須連續存一百個月，也就是八年多。如果你想要縮短時間，可以選擇減少每個月的開支，或者晚上及假日再去兼差。再者，你會想到透過進修，冀望老闆給你加薪，大致上就是這幾招了。至於叫你離職創業，你又認爲自己還沒有準備好、資金不夠、不知道客源在哪、風險太大等原因，所以大部分的人還是只能乖乖選擇努力省錢、存錢。因此，可預期的就是必須花很多年的時間，才能賺到一百萬。縱使你想破頭，似乎也解決不了這個困境，這就是我說的「自我想像的局限」！

當你「用力」跟在大老闆身邊，就可以突破「自我想像」的局限！

對於一個身家上億、數十億、甚至百億的大老闆，賺一百萬根本是輕而易舉，可能只是一會兒的功夫，所以賺一百萬在他們的「自我想像」裡是沒有任何局限的。當你有機會可以跟在老闆們身邊，「耳濡目染」他們做生意的方法，時間一久，就會突破「自我想像的局限」，你的腦袋會變成富人的腦袋，對於賺一百萬一點都不覺得困難，甚至會覺得理所當然。

如果你是一個「值得栽培」的後輩，老闆們更會直接出手「教導」你如何迅速突破「自我想像的局限」，這就像在迷宮之中，有人直接給你迷宮破解地圖一樣，可以迅速找到致富的出口！

我從小家境貧困，想創業只能白手起家，我很清楚知道，「自我想像的局限」是阻礙我賺錢、成功的關鍵原因，所以從很早開始，我就努力把靠勞力賺來的錢存下來，好好用心交往「老朋友」，無論走南闖北，再遠我都「自費」跟隨，努力做好一個「小跟班」。時間一久，在我的手機通訊錄裡，幾乎都是大我超過十五歲以上的前輩們。我知道自己沒有什麼「慧根」，所以透過緊跟著這些「老朋友」的過程中，學習他們做人處事和經商的技巧，每一次我都會仔細聆聽他們「聊天」的內容，並努力將所有細節背下來，回家後整理筆記，並仔細反覆思考，當遇到窒礙難通時，立刻找機會向前輩們請益。每一次和他們深談，經過他們指點後，都會豁然開朗，感覺又再一次突破了「自我想像」。

年輕人初出社會，縱使沒有「慧根」，也要懂得「會跟」，才能在如此競爭的社會裡，吸取大老闆們數十年的經驗、智慧，得到功力加持後，就能縮短胡亂碰壁的機率，加上自身的奮鬥，必然可以翻轉人生，擺脫貧窮。

人脈釀酒理論

我剛出道時，專長是保險案件，所以和保險界一直有比較深的接觸，對於這個行業也有較深入的了解。

當時，爲了學習保險界的生態，我花了很多時間閱讀關於保險行銷的書籍，發現其中有很多觀念會讓剛出社會的年輕人陷入被列爲「病毒人」的危機！

書裡教導保險業務員如何運用技巧，取得剛認識的大人物的連絡資訊，接下來就要鼓起勇氣連絡對方，利用「話術」來增加約訪成功的機會。當對方婉拒時，要秉持著「不屈不撓」的精神，不斷約訪，總有一天對方會因爲你的「毅力」而「感動」，給你成交保單的機會……

許多保險行銷書籍談到這種不斷約訪成功的經驗，我相信只要不是作者亂掰，也許眞的有不少人利用這個方式達到成交保單的機會。但在我看來，縱使保單成交，在人際交往潛規則裡，卻不是一個有「智慧」的做法。

向剛認識的朋友、大人物約訪、推銷保險，或許對於業務行銷的快速性、獲利性有幫助，卻也一次就把自己的品牌給「弄臭」了，甚至會讓介紹你進這個人脈圈的貴人感到尷尬。

當你不斷約訪，對方勉爲其難和你見面，其實並不是因爲你的話術多麼管用，或眞的很想要了解你提供的各種財務、稅務規畫方案，而只是看在介紹你給大家認識的前輩的「面子」上，不得不跟你見上一面。沒想到見了面，你提出建議書，後來不斷進行案件成交追蹤，要對方盡快做出成交保單的決定。

當然，對方很快就把你列爲「病毒人」，並將病毒入侵的訊息，用最快速的方式傳播給人脈圈的朋友知道，甚至會向介紹你給大家認識的前輩小小抱怨一下。

這類問題不只發生在保險界，其實在各行各業都會發生，很多年輕人對於人脈關係的培養，常常太快進入「收割」階段，希望剛認識的大人物可以立刻成爲他們的客戶。

這樣的心態也不能說不對，畢竟每個人都是這樣期待的。只不過，如果你是非常難得才經由前輩介紹進入「大人物」的人脈圈，如此輕易「消耗」這個人脈資源，其實很浪費。

人脈釀酒理論——你想要將自己的人脈資源釀造成「啤酒」還是「威士忌」？

釀造啤酒只需要很短的時間，可能只需要幾個月，但釀造威士忌卻要花上十幾二十年，兩者的釀造時間有如此大的差距，這也就是一般啤酒和頂級威士忌的價格差上數十倍，甚至上百倍之多的道理所在。

你想要將自己的人脈資源釀造成「啤酒」還是「威士忌」？

如果你把可以釀造威士忌的人脈原料拿來釀造啤酒，你不覺得非常浪費嗎？

如果你想要釀造威士忌，卻期待它像啤酒一樣只要幾個月就釀造好，這樣的威士忌能喝嗎？你的想法會不會有些天眞？

如果你想要獲得頂級的威士忌，就得耐心等待數年，相同道理，你想將「大人物」「釀造」成願意提拔你的「貴人」，就得耐心等待數年，甚至十數年。

無欲速，無見小利。欲速，則不達；見小利，則大事不成。

人的一生，只需要一位提拔你的貴人，就能扭轉命運、翻轉人生。所以，花很長的時間等待一定是值得的。

舉例說明，假如釀造一位大人物成爲你的貴人，需要花十二年的時間（十二年威士忌）。你從現在開始就有「人脈釀造理論」的觀念，經過十二年後，你就可以擁有第一位可以提拔你的貴人！

不只如此，事實上是從第十二年開始，每年都會有「無數」的貴人出現！爲什麼呢？因爲你從現在開始每天不斷釀造，第十二年就有第一年釀造的貴人，第十三年就有第二年釀造的貴人，以此類推，每年都會有貴人產生！

既然是釀酒，那就一定需要「酵母」，而**人脈釀造理論的「酵母」就是「情分」**。

與大人物相處，需要的不是逢年過節送大禮、舌燦蓮花的吹捧、卑躬屈膝的服侍，因爲他們再貴的東西都有了，想要的你也買不起，至於吹捧服侍，就交給已經夠多的「蒼蠅」去做就好，不缺你一個。

其實，情分是很容易建立的。你只要謹記，再厲害的人都有自己的煩惱，仔細觀察大人物的煩惱，想盡辦法替他們解決，就是建立彼此情分的最好方法。不斷地讓情分建立、深化，等時間一到，就能釀造出最棒的美酒，你的人生從這一刻起，就產生非常重大的改變了！

之前提到何麗玲小姐當年送給我的四句話：「秀才人情，白紙一張，廣結善緣，守株待兔。」這四句話講的正是「人脈釀酒理論」的精髓啊！也正是這四句話，對我的人生有著關鍵性的正面改變！

你的一生中會遇到許多大人物，也許是大企業家、名人等，但這些大人物如果沒有辦法成爲你的貴人，對你而言是沒有特別意義的，而想要讓他們成爲你的貴人，就必須要有「人脈釀酒理論」的思維。

越好、越醇美的酒，需要頂級的原料、特級的酵母，還有更長時間的釀造！

我是個要嘛不做，要做就做最好的人！所以，**我只專注釀造「頂級金門陳年高粱酒」**！

我願意用最大的耐心等待生命中最重要的貴人，因爲我知道，「人沒人牽，不會大漢」（台語）。我與目前交往的貴人都有很多年的交情，加上前輩教導、訓練的人脈經營潛規則，讓我知道人脈經營「**快就是慢，慢就是快**」的道理。我用盡全力，不斷提供一切專業、價值、資源，「深釀」彼此的情分。在釀造等待過程中，也不是沒有收穫，因爲我可以實務參與貴人們的經商歷程，吸收到非常難得的致富思維、經商秘訣。經過好幾年後，因爲彼此的信任、情分，讓我逐漸有機會參與貴人們的生意投資機會，也因此讓我一步步累積財富，走向財富自由之路。

借別人的口，說自己的話

以前剛出社會時，因爲沒有任何背景資源，凡事必須靠自己，沒有錢，也沒有人脈，所以只要有可以出席的應酬場合，我一定會到場，爭取認識更多大人物的機會。

因爲我的年紀很輕，往往到了應酬場合一看，發現自己是全場最年輕、資歷最淺，當然也是最沒有錢的。當時的我認爲，只要鼓起勇氣去和大家搭訕、交換名片，就可以認識更多的大人物、貴人。

通常到場後，我就開始拿起名片，發給在場的所有大人物，期待可以得到他們相對的回應，把他們的名片給我，讓我們可以彼此認識。

奇怪的是，大家好像都只是收了我的名片，頂多微笑點點頭，並沒有從他們身上掏出名片給我。當我開口向他們要名片時，他們通常會說：「啊，今天剛好忘記帶了！」或者給了我一張只有公司電話、卻沒有私人手機號碼的名片……

當時我甚至會拿起手機，跟對方要電話……現在想起來，當時的我眞是太白目了！

在人際交往的現實社會上，是沒有公平原則的，更沒有一視同仁的機會，每個人都會被「秤斤秤兩」！打從你出現的那一刻，所有人就會開始打量你，觀察你的「社會階級」「財力」和「實力」，如果你什麼背景都沒有，要別人立刻敞開胸懷和你交朋友，那是不可能的！

當你和別人交換名片時，如果別人不把他的名片或手機號碼留給你，代表你在他心中，還不是一個「咖」！這時若你還硬要，只是讓自己顯得不懂世事，還有給自己難看而已。

還記得我之前談到的「病毒人」理論嗎？所有大人物最怕病毒人來沾，害怕他們的人脈圈被「病毒人」入侵，一旦中毒，輕則損財，重則身敗名裂！通常，他們會把窮人「推定」爲病毒人，所以才會有句話說：「**有錢人就怕窮人沾**。」就是這個道理。

所以，有些年輕人爲了讓這些大人物看得起，花了很多錢來置裝，讓自己全身都是名牌，甚至把所有家當拿去買雙B轎車，以爲有這些精品「護體」，就可以打入大人物們的人脈圈……你當自己是白蓮教嗎？

在社會歷練豐富的大人物眼裡，這些障眼法，只是讓你像一個沒有穿衣服的小丑一樣搞笑而已！

其實，就像我們電腦會安裝防毒軟體一樣，大人物在人際交往過程中，也都會安裝「防毒軟體」。「防毒軟體」就是他們所信任的人，只有經過這些人「介紹」的新朋友，才算經過防毒軟體「掃毒」後的人，也才能初步獲得進入他們人脈圈的通行證。

因此，年輕人不用急著向所有人遞出自己的名片，因爲在你被確認安全無毒前，無論你怎麼努力、穿什麼衣服、拿什麼包包、吹噓自己會飛天、會鑽地，你還是會被排除在人脈圈外，這時，你應該要依靠帶你來這個場合的前輩，由他幫你介紹給其他人認識。

借別人的口，說自己的話。

在人際交往場合裡，很忌諱由自己誇誇其談，**你自己介紹自己，拚命講上幾百句，都抵不上有份量前輩說的一句**。所以學習借前輩的口，來介紹自己的技巧就非常重要了！

由前輩來介紹你，除了有經過防毒軟體掃毒的效果外，也可以突顯你沉穩、內斂、低調等優點，讓其他人願意好好注意一下你這年輕人，也才能讓你的名字烙印到他們的腦海裡。

至於如何讓前輩願意開口介紹你，那就要看你平常做人處事所積攢的資本了。

縱使，經過前輩的介紹，你還是不一定可以拿到大人物的連絡資訊，這是正常的！你只是經過防毒軟體掃毒過，最多只是安全的軟體，但不代表你是「好用」的軟體！簡單講，你只是個安全的人，但在他們眼裡，你仍然還不是個「咖」！

這時候不用急，靜下心來想想，你拿到他們的手機號碼，眞的可以直接打給他們？約他們吃飯還是下午茶？還是白目地一直要到人家辦公室去「拜訪」他們？想清楚後，就知道這時候強求拿到手機號碼是沒什麼特別意義的。

把握住舊人，就是把握住新人。

許多年輕人看到可以認識大人物的時候，就會蠢蠢欲動，用盡全力巴著那些大人物。但就像我剛說的，這是沒有用的，因爲大人物身邊最不缺「蒼蠅」，你何必讓自己成爲新的一隻呢？

其實，你只要好好和原本就認識的前輩維持好關係，就已經間接保住和大人物間的「關係連結」了，這叫「**隔山打牛**」！

你經過前輩的介紹，已經在大人物的腦海裡留下印象，只要你不斷增加自我價值，讓自己的「可被利用性」變得更強大，總有一天，大人物會有用得上你的地方。在這之前，你要學會耐心等待。

賽德克巴萊電影開場：「好的獵人，要懂得安靜等待。」

當有任務讓你辦的時候，千萬記得一定要把事情辦得妥妥當當，這才是最最關鍵重要的！

只要事情辦得好，你就能和大人物有更深一層的接觸、認識的機會，這時連介紹你的前輩都感到很有面子，也就願意介紹你給更多大人物認識，呈現多方雙贏的局面，一次又一次任務圓滿達成，不但你在大人物心中是個「咖」，連大人物都願意幫你引薦認識更多其他大人物，如此一來，你的貴人就會一個個出現了！

被小看，有時是一件好事

每個人都希望自己在別人心中是一位有份量的人，擔心被小看，覺得被小看是一件很沒面子的事。特別是年輕人，更是覺得被小看是一件天大地大的事，甚至為此可能還跟人家翻臉！

但其實，有時被小看是一件好事。

我在很年輕的時候就創業，經過幾年的努力，逐漸在業界嶄露頭角，小有名氣。因為我從小成長環境的關係，有一些小時候的學長、玩伴，長大後成了道上混的兄弟，他們的工作可能是開酒店、圍事或其他相關的八大行業。這些兄弟們遇到法律上的問題，第一個想到的就是我，都會想要聽取我的法律建議，但我的專長是保險案件，所以不承接他們的案件，不過，仍會基於交情給他們一些正確的法律觀念與建議。

記得有一次，一位很要好的學長，他經營酒店業，在道上的稱號是「阿弟仔」，特地帶一位同事來拜訪我，說他的同事遇到一些法律問題，想要聽聽我的想法。

這位同事稱號叫做「熊哥」，光聽這個稱號就知道他的身材，也可以猜想他的工作職掌是「圍事」。熊哥很客氣地向我打過招呼後，就聊起了他遇到的問題。

他說：「我媽媽六十幾歲了，在三重集美街賣鹹水雞，有一天晚上，遇到警察來取締攤販，她因爲身體不好，跑也跑不掉，只好讓警察開單，只是警察竟然又不斷刁難她。這時我剛好騎摩托車經過，立刻上前了解狀況。沒想到，警察看到我第一件事就是要臨檢身分證。我說我出門買個東西，沒有帶身分證在身上，警察卻要強制把我帶回警局。當下我就和警察起了衝突，他們甚至還把我媽媽推倒在地，然後把我強押到警局。」

「聽起來沒有什麼特別的法律問題。只是他們在執勤上的手段有些爭議。」我說。

「對啊，眞的很可惡，我媽媽還到醫院做了驗傷證明。」

「這麼惡劣，不就是取締路邊攤販，何必動手動腳。」我也開始有些憤憤不平。

「更可惡的是，這些警察竟然告我和我媽媽妨礙公務！」

「妨礙公務罪！聽起來你們才是受害人耶！」

「聽說許律師在三重的人脈很廣，很有辦法，但看你這麼年輕，不知道是眞的嗎？」

他用探詢但略帶懷疑的口氣問。

「三重？開玩笑，我從小在三重長大，當然認識很多人。」我略顯驕傲地回答。

「檢察官要我們和警察達成和解，這件事需要夠份量的人居間協助處理，不知道您有這個能力嗎？但不勉強，也許您還太年輕，可能沒有辦法處理這麼大的事情。」

「誰說我沒辦法？」我立刻不假思索地回答。

「熊哥，警察這麼可惡，還對你們提起告訴。在別的地方我不敢講，但在三重，我肯定可以幫你把這件事情辦好！」年輕氣盛的我充滿信心地回答。

我一直沒有觀察到「阿弟仔」學長在旁邊給我使眼色……

等送走他們後，我還對於警察這樣的作爲感到不平，覺得應該要讓正義伸張。但過了幾分鐘後，律師專業的直覺告訴我，事情可能沒有這麼單純，加上自己當時只有二十六歲，其實眞的沒有自己所講的有這麼豐沛的人脈！

想到這，心裡不禁浮現一股不安的情緒，但事情都已經答應了，在道上承諾又反悔就是犯大忌，一定會得罪人，到時事情可能更難收尾！

這時，手機聲響起，「阿弟仔」學長打給我。

「阿源，你怎麼沒有先了解清楚，就隨便答應熊哥要處理？」學長著急地問。

「社會事（台語）不是這樣處理的！不可以一被激、一被小看就強出頭，這樣很容易出事的！有時候被小看就被小看，總比被人家打蛇隨棍上，然後下不了台好吧！而且，你都沒有看到我在旁邊給你使眼色嗎？」學長帶著教訓的語氣說。

和學長通過電話後，我心裡的不安更深了，還增添了懊悔的情緒。我立刻打了通電話，拜託一位三重的「有力人士」陪同我到警察局去。

到了警局，我們表明來意後，警察很訝異地看著我說：「許律師，我們警局同仁對於你的奮鬥故事都很欣賞，還常用來鼓勵年輕的新進同仁，要以你爲榜樣。但今天你怎麼會爲這件事情來出頭呢？」

「這個案件的實情是？」我被他訝異的眼神嚇到，問道。

「那天晚上，我們三位同仁行經集美街巡邏時，看到一位在不得設攤地方賣鹹水雞的婦人，我們上前去取締開單，沒想到這位婦人極度不配合，和我們起了言語衝突。沒多久那位叫熊哥的經過，與我們起了更大的衝突，甚至動手打了我們其中一位同仁。我們兩人上前制止他，都掛了彩，在他要拿武器攻擊我們時，我們才掏槍嚇阻。這時，那位婦人拿了旁邊的椅子砸傷一位同仁，並拿剪刀攻擊我們，在我們防衛下，那位婦人跌坐在地。」警員氣憤地描述那晚的情形。

「大律師，請問這樣你還要幫他們什麼忙？」警察用質疑的口氣問。

發掘出事實的眞相後，我一時之間不知道該說什麼，連陪同我前往的「有力人士」也無語了……

雖然在我和「有力人士」的極力拜託下，花了很久的時間，這三位警員終於願意賣我們「面子」，不再追究傷害罪的告訴。但這「面子」得來不易，讓我爲這樣的事情出頭感到十分丟臉，更對陪同前往的「有力人士」感到萬分抱歉，甚至被他狠狠訓了一頓！

從那次以後，我對於別人的請託，總會先花一段時間好好了解眞實情況後，才會介入處理。在自己沒有把握時，必然第一時間告知朋友，誠實說明我的能力有限，不會再有強出頭的毛病。因爲聲望的積累實屬不易，卻容易毀於一旦，不當的強出頭，可能會使自己一敗塗地，甚至惹禍上身。

沒有人希望自己被小看，特別是年輕人，總是有著過人的自信，覺得自己無所不能，絕不能被小看，因此常常吹噓自己的能力、人脈。其實，被小看就被小看，被小看有時甚至是一件好事，可以趨吉避凶，安身立命。只要你是黃金，總有發亮的一天，不需要急於一時的證明，特別是不需用「嘴巴」證明吧！

尊重自己的工作，別人才會尊重你

最近我到南部演講，到達目的地火車站後，一出站就被排班的計程車數量嚇了一跳，當我一靠近計程車排班點，數十位司機立刻湧向我，不一會我就被司機「拉」上車。

一上車，司機大哥就和我閒聊，雖然我坐了好幾個小時的火車，這時很想睡覺，但還是勉強應付幾句。此時，旁邊經過一輛競選的宣傳車，撥放著立委補選的歌曲，司機大哥突然熱血沸騰起來，開始跟我分析當地政治情勢和各候選人的優勝劣敗，越講語調越高昂，情緒越來越沸騰，最後講到對手陣營候選人時，更是努力地問候他老媽！

司機大哥不時詢問我的意見，但我連講都還沒講，他就又接著說下去，我根本一句話都插不上。我只好耐著性子，希望趕快到達目的地。終於到達目的地，下車時，司機大哥還不忘提醒我要跟當地的朋友拉票，要投二號喔！我一整個無言……

我結束演講後，又搭上計程車，前去拜會從事南部水果批發業的李董。上車後，司機大哥就很熱情地跟我說：「X（語助詞），少年仔要去哪裡？」我嚇了一跳，也只能入境隨俗地回答：「×，我到中正路。」上車後，我發現司機穿著汗衫、短褲，光著腳踩在踏板上，嘴裡嚼著檳榔，唱著藝人王彩樺當紅歌曲〈保庇〉，車裡超有「氣氛」的。這麼台客風的氛圍，我還能接受，畢竟我也是台灣人。只是，這位大哥的車速並非參考路上的限速標誌，也不是參考前後左右的車流量，而是依據〈保庇〉這首歌的主副歌旋律起伏，「保庇、保庇、保庇、保庇、保庇、保庇、保庇AH～～保庇、保庇、保庇、保庇、保庇、保庇、保庇、AH AH」，在音樂最高潮的時候，還會加速衝過剛轉紅燈的十字路口！我完全沒有心情欣賞這首歌的旋律、節奏，只期望可以平安到達目的地……

好加在，關聖帝君和三太子保佑，讓我全身退「車」。

結束拜會，我要坐高鐵回台北，請當地友人幫我叫一部計程車，搭上車後，因爲前幾次的經驗，原本不抱期望可以搭到好車。沒想到，這位司機大哥既不跟我談論政治，讓我可以充分休息，也不會隨音樂旋律起伏踩放油門，煞車時也會尊重後座乘客輕踩油門，眞的是「糾感心」。我隨口誇讚說：「大哥，您的技術眞好，坐您的車很開心。」奇怪的是，這位大哥絲毫不爲所動，也不理我。我覺得可能是我講得太小聲，所以我加大音量跟他說：「大哥，您的技術實在有夠讚啦！」咦？眞的不理我耶！我應該沒有得罪他吧？既然他不理我，那我就安靜在車上休息。

因爲這位大哥的技術實在很好，加上疲累的緣故，我就這樣一路睡到高鐵站。到達高鐵站時，司機把我搖醒，並迅速下車幫我把後車廂的行李搬下來。爲了感謝這位司機大哥的用心付出，我除了按表付費外，另外再給他兩百元當小費。司機大哥非常開心，一直點頭表達感謝之意，並把手指向自己的耳朵，這時我才發現他是一位聽障朋友，所以一直沒有回應我的稱讚，我心中對他更是燃起一股深深的敬意。

我用一張白紙寫下這段話送他：「**人必須先尊重自己的工作，別人才會尊重你。您是一位對自己工作用心、盡責的司機大哥，我非常尊敬您。希望下次還可以搭到您開的車。**」

我記得亞都麗緻前總裁嚴長壽先生說過，當他在美國運通當跑腿小弟時，不想像其他公司小弟一樣穿著T恤、牛仔褲、球鞋到處跑，他決定穿西裝褲、皮鞋、打領帶，讓自己看起來是一個端莊的年輕人。他認爲，雖然工作卑微，但「**絕對不要連自己都看不起自己！**」

當他從衣著開始看重自己，並認眞處理所有主管交辦的事情，無論大事或小事，甚至把別人不願意做的、不屑做的事，統統搶過來開心地做，「**把自己當成垃圾桶**」，經過一段時間後，他的努力終於被看見，很快就被老闆提拔到更上層的職位了。

或許當跑腿小弟的穿著是一件小事，或許開計程車隨口三字經、漫談政治、車速隨

心所欲也是一件小事。但，就是這樣的小事，決定了每個人的不同，也決定了每個人迥異的人生際遇。

過了一段時間，我又到南部拜會李董，閒聊時談到這位很特別的司機大哥。

「你在講林仔喔，這林仔人實在不錯，雖然耳朵聽不到，但做事實實在在，」林董很開心地說：「所以每一次有人客來我這，我都會叫林仔來載，他做事，我放心。」

「原來你們認識很久了啊，他那次載我去高鐵，服務也是讓我很滿意。」我回答：「希望今天也可以再讓他載去高鐵。」

「哈哈，你可能沒有這個機會了。」李董笑著說：「林仔已經被我一個好朋友蔡董仔請去做司機了。因爲他開車技術好、服務態度好，更重要的是，林仔聽不到，蔡董在車上講電話很放心，所以蔡董一個月花六萬元請他。」

台灣有一家計程車隊剛開始成立時，嚴格要求所有司機去除過去計程車給人壞印象的惡習，包含開車時要穿西裝、尊重客戶路線不能繞路、不談論政治、主動下車搬運行李等。許多司機剛加入時抱怨連連，覺得這樣的要求很麻煩。但公司利用強大的客源優勢，加上不斷給司機教育訓練、溝通，撐過最初幾年的陣痛期，終於收到成效。這家計程車隊不但建立了台灣計程車業第一品牌，連帶讓該車隊的司機們工作受到大家的肯定和尊重，包含我自己每天通勤，也只搭他們公司的計程車，這就是從服務建立的品牌力，更扭轉一般人對計程車業的負面形象！這家計程車隊後來也掛牌上市，寫下了不凡的歷史紀錄！

工作本來就不分高低貴賤，你面對工作的態度，才會決定你的高低貴賤。只有懂得尊重自己工作的人，才能獲得別人對你的尊重，無論你從事任何行業！

沒有不OK的，一定要OK

平常我留著極短的頭髮，因爲我喜歡俐落的感覺，每三個星期就要到髮型設計師那邊報到。

某天一如往常，我趁著下午的空檔，來到西門町找我的髮型設計師Kelly小姐剪頭髮。Kelly今天好像很忙，我坐在位置上一邊看著雜誌，一邊等待。過了大約二十分鐘後，Kelly過來跟我說：「許先生，我先請一位妹妹幫您洗頭，雖然這位妹妹耳朵不好，是一位聽障，但她洗頭很用心，按摩頭皮的技術也很好，希望您給她機會。」

「好啊，沒有問題。」我沒有什麼意見。

過了一會，一位長相清秀的小女孩出現在我面前，用著極爲不清楚的咬字跟我說：「許先生，您好，我叫芊芊，可以幫您洗頭嗎？」

用力聽完她說的話後，知道她就是剛才Kelly說的女孩，我就躺到洗頭的位置上去。

一般在洗頭的過程中，洗頭妹妹會和客人聊聊天，但芊芊因爲聽障的緣故，表達能力也有很大的障礙。雖然我嘗試和她講幾句話聊個天，但我發現，雖然她戴了助聽器，似乎也聽不太清楚我講話的內容。

我們就一直保持沉默，我心想也好，從早上教課到下午也累了，趁機讓自己放鬆、好好休息一下。當芊芊開始洗頭時，我發現，她洗頭的手勢讓我覺得很放鬆，按摩頭皮的技術更是如 Kelly 說的一樣，非常頂尖。

洗頭對於美髮設計師這個行業是最入門的工作，也是最乏味的工作，一般小女孩都利用和客人聊天打屁來混過這無聊的工作，大概洗洗沖沖，隨便按摩個幾下就結束。

但芊芊很不一樣，她洗頭過程的用心度，是我從來沒有遇過的，按摩頭皮的手法技術，更是完全看不出新人的生澀，讓我整個放鬆下來，一整天教課的疲勞也全然消除。等洗頭結束後，芊芊輕輕叫醒了我，原來我竟然舒服到睡著了，太厲害了！

這次的洗頭經驗實在太好了，我不斷向 Kelly 誇獎芊芊。Kelly 說：「因爲溝通障礙，芊芊很清楚客人指定找她洗頭的機會並不多，所以非常珍惜每一次的機會，並專注在洗頭過程中讓客人感覺放鬆、滿意，別人洗頭可能隨便洗個五到十分鐘就結束，但芊芊每次都洗超過二十分鐘。到目前爲止，只要願意給她機會的客人，每個人的反應都跟你一樣！」

在剪完頭髮，由芊芊幫我沖水時，我在手機寫下：「芊芊，可以請你教我如何比出

『謝謝』的手語嗎？」芊芊害羞微笑著，舉起了她的右手，握著拳頭，翹起大拇指，並將大拇指上下搖動。我學了起來，並對著芊芊比了這個手語，她也跟我點點頭示意。

這是我學的第一個手語，爲了向一位不向命運低頭、奮戰不懈的女孩致謝……

芊芊是先天性的聽障，她立志要成爲一位很棒的髮型設計師，但這行業是嚴格的師徒制，必須仰賴設計師的教導，但芊芊的溝通障礙會降低許多設計師指導她的意願。

所以芊芊非常用心地幫設計師的客人洗頭，如果設計師很忙走不開，她會不斷幫客人按摩，一直按到設計師的空檔出現。她的努力讓每位客人稱讚，等於幫了設計師的忙，所以設計師願意額外多花一點時間教導她。

雖然，在成爲設計師的路上，她必須要比其他人辛苦數倍、數十倍，但她並沒有退縮，沒有人可以保證她一定會成功，但她單純地認爲，只要不斷努力努力再努力，就有成功的機會，縱使只有一點點可能性，也絕對不能放棄！

最後，在我離開前，我給了芊芊二百元小費，這不是施捨，是一種鼓勵，爲的是告訴她，在這世界上，有人看見了她的努力，所以一定要繼續努力下去！

我向 Kelly 要了張白紙，並在白紙上寫下這樣一段話送給芊芊：

能力不足，我用時間克服；

體力不足，我用毅力克服。

沒有不ＯＫ的，一定要ＯＫ！

PART 3
街頭社會學歷練出的智慧

有些事，不是說對不起可以解決的

德蓉是彰化人，有一個弟弟、一個妹妹，因為父親很早就去世了，一家四口的生計就由擔任清潔工的媽媽一肩扛起。家裡從小的經濟狀況不太好，幸好三姊弟很懂事，都會幫忙做家事，讓媽媽工作無後顧之憂。

德蓉是大姊，從小就肩負起照顧弟妹的工作，高職畢業後，為了幫忙媽媽分擔家計，很早就出社會工作了。經過朋友介紹，她開始在台北擔任貿易公司的助理，因為工作表現很好，做事實在，備受老闆賞識，生活也就逐漸穩定下來。

許多老闆最喜歡從事的運動就是高爾夫球，他們大都會組成高爾夫球隊，至少一個月打一次球，聚餐一次，還會特別安排出國打球。這些球隊的活動都要由球隊的總幹事負責安排，並跟每位球友連繫確認，這樣的工作很繁瑣，總幹事也是老闆，平常也是相當忙碌，根本沒時間做這種瑣事，因此衍生出「球隊執行秘書」的工作需求。

經過李董的介紹，德蓉順利擔任了老闆所屬球隊的執行秘書，月薪三萬兩千元，保證年終一個月，還有三節獎金各兩千元，是一份相當不錯的工作。

德蓉很珍惜這個難得的工作機會，在球場、餐廳、旅遊的安排上，辦事非常牢靠、認眞、負責，與成員間的互動連繫更是有禮貌，應對得體，深得所有球友的信任。此外，高爾夫球隊的會費不低，球隊的財務管理相當重要，這個工作是由執行秘書負責，德蓉因爲從小家境的因素，「勤儉持家」的能力很強，替球隊省了不少經費。球隊因爲她的努力，開始有了盈餘，大家對於球隊有她的加入總是讚不絕口！

經過幾年後，德蓉不但對於管理球隊的工作很上手，還替球隊建立許多良好制度，吸引許多其他球隊來觀摩、仿效，這讓球隊的老闆們個個得意不已，同時，球隊管理的經費和結餘也逐漸累積了好幾百萬！

球隊因爲德蓉的管理妥當，運作得非常良好，各任的會長、秘書、財務對於德蓉更是非常信任，對於球隊的帳務，一直都只有看財務報表，從來沒有仔細核對過銀行存簿上的數字。

這個高爾夫球隊在台北喜來登飯店舉辦成立十週年的慶祝晚會，並在當晚舉行會長交接典禮，由德蓉的前老闆李董接任下一屆的會長。當晚在喜來登宴請各方球友，共辦了將近50桌，很是盛大。我是李董的朋友，所以也在受邀之列。

李董發表就任感言：「我們高爾夫球隊成立十週年，球友已經達到60人，經過各任會長、幹部，還有我們最疼愛、最能幹的小妹妹德蓉的努力下，歷任會長不但不用另外捐錢，球隊還有盈餘呢！我打球幾十年來，從來沒有遇到這樣優質的球隊！」

台下響起如雷的掌聲！

「經過我們會員們表決，今年決定送所有會員一套紀念球桿，每套價值三萬元！大家說這樣好不好啊！」

台下再次響起如雷的掌聲！宴會也就在這樣賓主盡歡的氣氛下結束。現場只有德蓉的臉色不太好，一整晚都吃不太下東西……

當晚回到家後，德蓉算一算晚宴的餐費加上酒錢，平均一桌是兩萬，席開五十桌，共要一百萬；會長允諾的十週年紀念球桿一套三萬，會員六十人，共要一百八十萬，加起來共要花二百八十萬左右。

按照正常情形，球隊的現金綽綽有餘。

經過幾個星期後，當球桿廠商要來結一百八十萬的帳款時，德蓉拜託廠商下個月再來結帳。廠商是李董的好朋友，覺得怪怪的，便向李董探詢。李董也覺得不太尋常，球隊明明有現金可以給人家，為什麼要拖一個月？

於是，李董向德蓉詢問，並要求把銀行帳簿拿出來核對，事情終於被揭發了……

原來，德蓉經不起朋友的誘惑，挪用了球隊的錢去投資，剛開始有賺到錢，賺的錢比她的薪水還多上許多！所以她就加碼投資，但幾年後遇到景氣衰退，逐漸出現了虧損，只能不斷挪用球隊的錢去填補損失的洞，挖東牆補西牆的四處借錢。最後，終於還是撐不下去，鉅額的虧損讓德蓉再也無法調到足夠的錢填補，當然也就無法在神不知鬼不覺的情形下，歸還球隊的錢。這個資金缺口足足有三百多萬！

當你貪婪的時候，就是你內心最脆弱的時候！

所有球隊會員對於發生這種事情，特別是發生在他們最信任的德蓉身上，都感到很意外、失望。當時我以律師身分出席這個事件的討論會，印象很深，當德蓉一出現，就直接雙腳跪地，眼淚更是停不下來，不斷哭泣，向所有人道歉，希望大家給她一次改過的機會，她家裡眞的需要這份薪水……

會員們討論後，雖然決定不將這個案件移送法辦，但還是將德蓉解雇了。

出社會後，有些事不是說對不起可以解決的！一旦犯了這類致命錯誤，將很難翻身，所有長久點滴累積的信任，都將在一夕之間崩毀！

在學校，當學生犯錯，師長會以教育目的爲最大前提，讓學生有改正的機會。但，一旦出社會後，社會是現實的，在某些程度來說是殘酷的，沒有任何人有義務給你「改正」的機會，這是一個在社會生存的關鍵思維！如果你沒想通這點，很容易在不自覺的過程中，踩到致命的地雷，到時除了後悔莫及，更會發現，幾乎沒有重修或暑修的機會！

在殘酷的社會上，爲人處事的三大原則：謹慎、謹慎、再謹慎！

以外表判斷人，小心自斷前程

平常我到很多地方出差或旅遊時，總會帶一些當地的特產，和大家分享美食。最近我到台南玩的時候，也一如往常地替前輩、好朋友帶回來最有名的虱目魚丸。過去我都是請快遞送過去，但這次我突發奇想由自己騎摩托車送這些禮物，想說這樣比較有誠意。

下午我一拿到魚丸後，騎著我非常難得出門的摩托車，開始了「送貨」之旅。我依序送到台北市的很多地點，最後才安排仁愛路，因爲有許多照顧我的前輩們都住在仁愛路上。過程中都很順利，一直送到最後一站——仁愛路上的某知名豪宅，才發生了一些插曲。

當我到達這座豪宅門口時，還沒來得及開口，一名年輕挺拔的警衛突然衝出來，口氣很不好地說：「喂！摩托車不能停在這裡！」

雖然我很久沒有直接被叫「喂」，但我還是很有禮貌地跟他解釋：「我是要來送東西給林董事長的。可以請您把這箱魚丸轉交給林董事長嗎？」

他略帶質疑的口氣問：「哪一位林董？他認識你嗎？」我還沒來得及回答，他又接著說：「我可不是負責幫你送貨的，你要自己拿進去接待中心。」

「好，那我騎到接待中心，把東西給接待小姐。」

「這可不行，我們裡面是不可以有兩個輪子的，只有四個輪子的才可以開進去！」他口氣輕蔑地說。

「好，那我把車停在路邊，我搬進去，一下子就出來。」

「不行！你必須把機車停到附近有正規停車格的地方，不然依規定，我必須立刻請警察局來拖吊，到時我可幫不了你。」講完後，他的嘴角帶有一些促狹的意味。

其實，我很驚訝自己的心平氣和，也許換成以前血氣方剛的我，早已經讓他吃一些排頭了。但我自己想想，誰叫我今天不是穿著帥氣西裝的許律師，而是騎著車齡超過16年的摩托車，還穿著自以爲帥氣的運動球衣呢！誰叫我又不識相地來到社會階級化明顯的豪宅呢！所以，當下我只好把氣吞下去，乖乖地把車停好，把禮物拿進去。

當我把禮物搬進去，出來準備騎我的摩托車時，我看見那位警衛的臉上還是保持著促狹的表情，但我已經不生氣，我知道，我們應該很快就可以再「遇上」……

這位年輕警衛的行爲，讓我想起我和這裡某戶豪宅女主人認識的經過。

幾年前的某一天，我在台北市中正運動中心打球，突然有一群氣質高雅的姊姊跟我說：「我們覺得你球打得很好，可以請你過來指導我們嗎？」我瞄了一下，發現她們都是很初階的初學者，我大可以請她們先去球場找專門教初學者的付費教練，但我覺得人家都親自過來拜託了，我就過去指導了一下。

她們的球技眞的很初階，所以要從很基本的動作開始說明，最後從原本的「指導一下」，演變成「送球童」，還一下子送了兩個小時！結果我自己的球都沒打到，一整個上午就教這群姊姊基本動作，我連汗都沒流到。

結束後，姊姊們還來跟我要電話，希望我可以在下次繼續「指導」她們。當時我也沒想太多，就答應了。

經過幾次的教球，這群姊姊突然跟我談到教練費的問題，我回答：「沒關係啦，不用給我教練費，我們大家一起打球就好。反正我本來就在隔壁場打球，只是順便教一下你們。」

其中一位姊姊說：「但你跟我們打，都只是送球給我們，又不能打太遠讓我們受傷。眞的很不好意思！」另一位姊姊接著說：「不然這樣，我們請教練吃飯好了。」其他幾位姊姊也都非常贊同這個想法，雖然我再三推辭，最後還是接受了她們的好意。

後來，她們約我吃飯的地點是某家知名的高級餐廳！當我最先到時，先走進餐廳坐到她們已經訂位的位置上，看到菜單上的價錢時，整個人都傻住了，眞的是太貴了！

正當我的不安感覺油然而生時，姊姊們一個個都到了，特別的是，每個人都是由司機開著名貴轎車載過來的，而且她們的穿著跟在球場上完全不一樣，只能用「貴氣逼人」來形容！

當她們發現我驚訝的表情時，其中一位姊姊說：「峰源，你不用緊張，這才是我們平常的樣子，在球場如果戴著珠寶會很怪，而且誰叫香奈兒沒有出羽球衣呢？所以我們也不能穿著美美的衣服打球呀！」

經過她們一一介紹，我才知道，原來她們有幾位是董事長夫人，有幾位是女企業家，因爲都想要運動，但又不想曬太陽，然後又誤認羽球是很「優雅」的運動，所以就選擇一起組隊打羽球。

當我們一邊享用著對我來說極昂貴的美食，一邊聊天時，姊姊們突然問我：「對了，峰源教練，你平常的副業是什麼？」

「副業？」我愣了一下。

「就是你除了教球以外的職業啊。」

聽到這句話，我差點把口中的食物噴出來！這時，我才正式地介紹自己的職業，告訴她們，我是一位律師，現在是一家律師事務所的負責人。

聽到我的介紹後，換姊姊們差點把食物噴出來！

就在我們對於彼此的眞實身分認識後，大家的話題就越來越多，她們從那時候開始，才眞正認識我是「許律師」，我也才認識她們是所謂的「貴婦」！

後來，經過長時間的相處，姊姊們慢慢地得知我從小成長的故事，對於我特別疼惜，也介紹我認識她們的先生，還有很多企業界的老闆。因爲這群姊姊的分量十足，加上我很努力，大家對我特別照顧，也因此讓我在事業上獲得大量學習、成長的機會。

場景回到現在，過沒多久，姊姊們邀請我去豪宅參加球隊聚餐，在餐敘時，我無意間聊起了不久前騎車來送禮的經歷，沒想到，剛好擔任這屆豪宅主委的姊姊立刻向保全主任反映此事，要求給個交代。不到一會功夫，豪宅保全主任和另一位保全一起到豪宅向姊姊們致歉。

「陳小姐，不好意思，如果這件事情查明屬實，我們會立刻開除這位影響我們社區形象的保全人員。」主任用著稍有緊張的語氣說：「所以我們會請許律師協助我們找出這位保全人員。」

說時遲那時快，我突然發現，站在主任旁邊「帥氣挺拔」的年輕保全，正是那天給我「排頭」吃的那位，他也似乎認出我來，我們的眼神交會，他那促狹的眼神神奇地消失了，只剩下擔憂、害怕……這也難怪，在豪宅擔任保全是很不錯的工作，每個月至少五萬起跳，誰也不想輕易失去。

「許律師，請問您還記得當天値班保全的樣子嗎？」主任問。

我故意想了很久，讓那位白目保全「挫」久一點……

在這詭譎、緊張的氛圍下，時間好像靜止了，就在那白目保全臉上的汗珠不斷冒出來的時候……

我告訴主任說：「我忘記了。沒關係，下次請你們教育訓練再加強就好。」這時，我可以清楚看見那位年輕保全臉上充滿著驚訝、放鬆、感激的眼神……

人的一生會在很多不同的時間點，遇到很多不同的人和事，如果只從一個人的外表，去判斷他的貧富貴賤，然後決定你待人的態度，是很危險的！

難道就因爲一個人穿著普通，騎著十六年的摩托車，你就認定他是窮人？就要瞧不起人？當她有名車接送，穿著華麗，你就認定她是有錢人？就要對她阿諛奉承嗎？

如果你對人的判斷這麼膚淺，只能說你的社會歷練太淺薄，你永遠不知道站在你面

前的人是誰，更不會知道你得罪的人是誰。當你發現時，一切都來不及了，因爲你最眞實、醜陋的一面，已經表現無遺了！

對待弱者的同理心，才能證明你的強大

阿爸在往生前，罹患的是口腔癌中的舌癌。

口腔癌的手術是將舌頭及口內組織切除，從大腿眞皮層切一塊肉下來，放進口內，再由醫生進行顯微手術，將塡補的那塊肉與口內組織的血管一一縫合。因爲要預防未來復發，在切除時會預留安全範圍，切除的面積會較大，雖然預後的復發機率較低，但相對地，病人的生活品質會很不好，特別是對進食及講話的影響特別大。

阿爸當年開完刀後，除了只能吃流質的食物外，語言咬字能力受損嚴重，講話非常不清楚，講起話來只能發出「咿咿啊啊」的聲音，這對阿爸來說，是最大的打擊！

我的口才是遺傳自阿爸，阿爸以往在地方性選舉及重要典禮都是主持人的不二人選。此外，阿爸天生有一副好歌喉，時常參加歌唱比賽，更是獲獎的常勝軍！

因此，我很難想像，當年阿爸生病後，不能好好講話這件事，對他是多大的打擊！

阿爸經歷過許多次手術，讓我印象最深的一次，是在台北某醫學中心進行喉嚨腫瘤切除手術。阿爸在那次的手術後，就住在該院耳鼻喉科病房休養。

有一天下午，當我走進病房時，看見阿爸和阿母的表情不太對勁。起初我詢問他們，他們一直說沒有什麼，但在我不斷追問後，阿母才跟我說發生了什麼事情。

原來，下午一位很年輕的住院醫生來巡房，詢問阿爸的復原狀況時，阿爸因為這次手術加上之前口腔癌的手術關係，在語言表達上很不清楚，只發出「咿咿啊啊」的聲音。醫生不斷詢問，阿爸也只能重複發出同樣的聲音，當時阿爸覺得醫生有些「故意」，就決定不說了，想要改用筆寫。但醫生說他很忙，要趕著看下一位病人，沒有時間等阿爸慢慢寫……最後，這位年輕醫生就跟阿母說：「看起來應該沒有什麼大問題，如果有問題，你再按鈴通知醫護站。」然後就匆匆離開了。

過不久，阿母離開病房，去護理站的茶水間幫阿爸倒茶水時，無意間聽到醫護站裡那位年輕的醫生和護士嬉戲玩鬧的聲音，大家笑得這麼開心的原因竟然是……那位醫生模仿阿爸講話的聲音……阿母聽到後，心裡很酸、很難過，但回到病房，不敢跟阿爸說，擔心阿爸傷心。可是，其實阿爸早就聽到了……

阿爸和阿母擔心我知道後會衝動鬧事，所以不敢告訴我。而且阿母說，我們是窮人家，鬥不過人家大醫院和大醫生，加上現在在人家的地盤上，吃點虧，咬著牙也就過去了，要我不要去和人家吵架。

我聽到後，心裡很難過，我知道我們窮，才會被人家看不起，才會受別人的欺辱。如果我們今天是有錢有勢的人，這位醫生敢這樣對待我們嗎？

如果是我自己被欺負，因爲年紀小，又沒錢又沒勢，也就只能忍了，但今天是羞辱到阿爸阿母，就算要衝撞、大鬧一番，我也沒在怕的！

我很「平靜地」走到護理站，要求見剛剛那位醫生。當我見到那位年輕醫生，他整個人散發著深深的優越感，就是那種從小到大都是第一名的資優生，好像其他考不上醫科的人都是笨蛋。

我發現他穿短袍，代表他是住院醫師，我觀察到他身上的名字，再瞄到值班板上，我知道他是 R1，也就是第一年的住院醫師。

我跟他說，我希望他能很愼重地跟阿爸阿母道歉，因爲他的行爲眞的傷了他們的心。「我只是依照正常程序巡房，並沒有做什麼不對的事情，你剛剛說的那些，我一點都沒有做，哪有道歉的必要呢？」他見我只是一位大學生，對我講起話來，言語中帶有些許的輕蔑、傲慢。

經過幾番爭吵，沒有任何效果，他沒有一絲向阿爸道歉的意思……

雖然，我很有動手給他教訓的衝動，但我控制住自己，因爲如果我眞的動手，那我和他有什麼兩樣?!

我忍著怒氣離開了護理站，回到病房看著躺在病床上的阿爸，心裡更是難過。

「其實，你可以寫申訴信投訴他。那個死囝仔下午的行為眞的很超過，一點醫德都沒有！」這時，突然有個聲音打斷我的思緒，原來是隔壁床的看護阿姨有些氣憤地說著。

「但申訴有用嗎？還不是會官官相護？」

「那可不一定，這科的主任是出了名的好醫師、好醫德，更重要的是，他有著嫉惡如仇的正義感，一定會給你公道的！我在醫院當看護十幾年了，還沒看過像那個死囝仔這麼欺負人的！」

聽著看護阿姨的鼓勵，看著被羞辱的父母親，我決定撰寫一份「萬言書」！

我相信，那個年輕醫生很快地將為他粗暴的言行付出代價……

正義往往會遲到，但絕不會曠課！

經過幾個星期，阿爸也出院回到家裡休養。

有一天，阿母接到一通從這家教學醫院打來的電話，說要來家裡拜訪我們。

沒多久，那科的科主任帶著幾位主治醫師，當然還有那位「優秀的」「驕傲的」年輕醫師，但今天的他好像看不到那天在醫院的驕傲，臉上還帶有一絲恐懼……

主任開口對阿爸說：「許先生，很抱歉，我們有收到您孩子的申訴信，經過內部調查，確有此事，對於發生這樣的事情，我們感到很抱歉、很遺憾，是我們沒把孩子教好。我們一直秉持著醫者醫德至上的理念，所以今天我親自帶領科裡的醫師來向您致歉，希望得到您的原諒。」

正當我對這位主任的正義感和身段感到敬佩時，我側眼瞄到那位年輕醫師好像很緊張……

「這孩子做了這樣嚴重脫序的事情，我要求他必須得到您的原諒，否則，我們內部評議會議也有共識，不讓他通過R1的ranking，也就是我們可能不續聘這位醫師。」主任用很嚴肅的語氣說。

原來如此……今天來我們家，將可能決定那位醫師的前途及未來。

因爲，如果他是以這樣的原因被這家醫學中心解聘，對於他的行醫生涯，將是無法抹去的「污點」！難怪他「抖」得要死……

只要我阿爸一句話，他將失去從小到大努力念書、補習、考試，犧牲一切玩樂後，才辛苦得到的學歷、職業和榮耀！

人生最痛苦的不是得不到，而是得到後再失去！

這時，我側眼看見那位年輕醫師的臉，早已經慘白無血色了。正當我心裡正爽時……

阿爸竟然立即用手寫板寫下：「沒關係，年輕人不懂事，我沒生氣了。他父母栽培一位醫生很辛苦，很不簡單。不要輕易毀掉他的前途。」

沒想到阿爸這麼快就原諒他……正當我想插嘴時，阿母拉住我，接著說：「對啦對啦！少年仔不懂事，來道歉就好了，沒事了啦，以後好好打拚就好！」

他們離開後，我氣憤難平，怎麼可以讓他這麼輕易過關！

但阿爸和阿母只跟我說：「做人厚道一些，吃點虧沒關係。」

我心裡的氣還是沒有消。

只是沒想到，從那天以後，只要阿爸到醫院複診，那位年輕醫師都會請假專程陪阿爸跑流程，看頭看尾，向阿爸詳細解說病情，好像換了一個人……

他很有誠意地跟阿爸說：「阿伯，多謝你，如果沒有你的原諒，我的前途就毀了。我眞的學到教訓了，多謝您的寬宏大量，以後我眞的懂得尊重病人，尊重我的職業。」

寬容往往不是脆弱，而是遠勝於殘暴者的堅強！

一個從小到大都考第一名的人，考上醫科，只能證明自己是一位優秀的「考生」，縱使是醫科第一名畢業，也只能證明自己是一位「優秀」的年輕醫師。只有當你懂得尊重病人，發自內心體諒病人的痛苦、恐懼、無奈，或許他們只是市井小民、窮苦人家，是毫不起眼的小人物，你都能給予最盡力的醫治，這時，你才眞正達到「卓越」的境界！

優秀往往是到達卓越的最大障礙。

但這並不容易做到，許多孩子從小被父母教育成什麼都不用做，只要把書念好就好，只要念好書，就證明你是最強的，其他考試輸你的人，都是失敗者，注定要跪服在你面前，讚頌你的成就！這種讓孩子只是因爲成績好而產生的「優越感」錯覺，往往害慘孩子了！這樣的心態，就是這孩子一輩子最大的成功障礙！

一個眞正的強者，是從對待每個小人物的同理心中，證明其強大！

不是社會太險惡，只是你太幼稚

書榆和麗萍是好姊妹，兩人從小就是同學，大學剛畢業一年多。麗萍常常到夜店，交遊廣闊。有一天，麗萍介紹平常很照顧她的一位道上大哥正哥給書榆認識。正哥對她們很好，每次見面總是帶她們去吃大餐，有時候還會買精品包送她們。

剛開始，書榆以為正哥是要追求她，後來發現，正哥只是把她們當妹妹看，所以也就慢慢消除了戒心。每次她們遇到困難，只要打一通電話給正哥，總是可以立刻得到幫助。無論任何事情，就算是在夜店看隔壁的人不順眼，只要打給正哥，立刻會有一群小弟來幫她們「助場」，讓她們感覺到很是威風……

有一次，她們和正哥到大陸廈門去玩，正哥介紹他大陸女朋友小丹給她們認識，小丹和她們年紀相仿，大家很談得來，很快就變成好朋友。回到台灣後，她們和小丹都還保持連繫。因為正哥平常很忙碌，雖然她們也不太清楚正哥平常靠什麼維生，只知道他出手闊綽，出入都是名車代步，讓她們好崇拜！

有時候，正哥太忙，沒時間帶她們去玩，就會贊助她們去旅遊，偶爾會請她們幫他拿東西到廈門去給小丹，來回機票和住宿都算正哥的，甚至每次都還會給她們兩三萬人民幣當零花，讓她們去血拚！

因爲正哥的照顧，她們幾乎走遍全中國，只是常常要專程先飛廈門，再從廈門轉機到其他城市，因爲要先拿東西給小丹，但反正所有錢都是正哥出的，幫點小忙也沒什麼，她們兩人也就沒多想……

過了一年多，有一天如同往常一樣，她們預計到四川成都去玩，但先飛往廈門拿東西給小丹，在抵達廈門機場準備出關，經過X光機時，公安人員把她們攔了下來，這時候旁邊的公安也都立刻圍了上來，要求檢查她們的行李箱！

當公安打開行李箱後，發現一個包裝精美的盒子，公安將包裝拆開後，赫然發現裡面竟然藏有約五百公克的海洛因！

她們兩個嚇傻了！而且百口莫辯……（小丹和正哥的手機都是人頭戶辦的號碼，案發後根本找不到人！）

在大陸運毒，特別是海洛因，超過五十公克，基本上都是死刑……書榆和麗萍攜帶五百公克的海洛因入境中國，毫無疑問，最後被廈門中級法院判處死刑槍決！被槍決時，她們才二十四歲……

這是我遇過的眞實案例，我永遠記得她們的父母親來找我時，老淚縱橫，傷心欲絕，甚至下跪拜託我一定要救救他們的女兒，不斷強調女兒一向都很乖，一定是交到「壞朋友」才會這樣……但，其實一切都來不及了……

人的一生只要交往一位貴人，就能讓你逆轉人生，但，也只要交往一位壞人，就能徹底摧毀你的一切，甚至生命！

市面上的人脈書籍總是教導大家，多個朋友多條路，不要忽略任何一個你所見過面的人，無論大魚小魚，一個都不放過！

但因爲我從小的成長背景，我算是在龍蛇雜處的環境下長大的，我從小就知道，**朋友不是交越多越好，隨便與人交往會給你帶來極大風險的！**

在我觀察的經驗中，大老闆總是用極嚴格的標準來決定要不要和一個人交往，所以他們常常會「忘記」帶名片，不知道你有發現這個現象嗎？

大老闆們的社會歷練很深，清楚地知道「**除了天災地變外，無論是良機或危機都是人所帶來的**」！跟對的人往來，可以得到好的人生，跟錯的人往來，肯定帶你走向糟糕的人生！很多人重視人脈的數量，但其實，**人脈的品質絕對要遠比數量重要太多了**。

我稱壞人脈為「病毒人」，會帶來危機的人就像是電腦病毒一樣，一不小心就讓自己全部的人生暴露在中毒危機當中，甚至一旦遭到病毒侵擾，你周遭的親朋好友，都會因為你引進的病毒人而遭到感染！

因此，增加好人脈的同時，也要減少壞人脈，這樣才能維持自己人脈網的良性健康發展。否則，好人脈、壞人脈正負相抵後，結果不是「收支變零」，就是陷入「赤字危機」。

或許，你會對自己對人的判斷力有自信，覺得自己不會看錯人。但我誠心地勸告你，最好還是不要對自己太有自信。街頭社會的水很深，行走江湖多年的老闆們都會被騙了，何況是剛出社會的新鮮人呢？

通常你沒有能力立即判斷誰是好人，誰是壞人，這需要靠你的覺察力、社會閱歷，再加上長時間的觀察。當你還不確定前，最好還是和對方保持一定的距離。因為連你自認為「絕對沒問題」的人都會騙你了，何況是有嫌疑的人，這眞是太危險了！

「吃人嘴軟，拿人手短」，除了親人以外，當有新認識的人對你特別好又不求回報時，就要特別注意，**「不為小利，必有大謀！」**

當你不斷接受別人的好處，並期望持續得到好處或更多好處時，你的理智就會被貪婪給掩蓋，判斷力也已經被放在冰箱冷凍起來！

當你貪婪時，就是你最脆弱、最危險的時候！

當你不斷接受別人好處，有一天，他開口求你幫忙時，你就會讓自己陷入「難爲情」的境地。這也就是他精心設計多時的期望結果，當你還在猶豫時，他會毫不猶豫跪倒在地，並從含著淚水的眼眶擠下兩行淚。或許你會說，我懂得保護自己，我不會輕易上當的。但我跟你說，**全世界最有耐心人的人，就是騙子！**他會一直等、一直等，一直等到你的戒心全部消除後再出手，一直等到讓你難以拒絕的情境出現後再出手！

騙子多半看起來很迷人，不想被騙的唯一方法，就是不要和他有任何瓜葛！跟騙子往來卻不被騙，就像要接住泰森的出拳卻不會被擊倒一樣，根本不可能！「眞正的行家」是不讓人碰到一根寒毛，這就是行家的最終心法。

人脈很重要，這大家都知道，但社會新鮮人的社會閱歷太淺，往往遭人設計和利用而不自知，當你察覺時，一切都已經來不及了，大禍已經臨頭了！

人生的路途很漫長，但關鍵的只有幾步，無論是好步或壞步！

人生沒有辦法重來，所以在一開始就應該有以「最嚴格標準」交朋友的心理準備。更重要的是，必須要培養「識人」的能力，這眞是一輩子的功課啊！

交朋友，培養人脈很重要，但注意防止「病毒人」的侵入更重要，如果沒有這樣的警覺，當有一天中毒出大事時，也就怪不得別人了。

不是社會太險惡，只是你太幼稚！

別因小事讓情緒失控

某天坐計程車回家的路上，在經過三重重新路和中正北路口停紅燈時，見到兩輛機車似乎因爲互看不順眼，停車下來「嗆聲」！

其中一輛機車上有兩個人，一個是雙臂充滿刺青的刺青男，另一位是留著很殺平頭的平頭男，另一輛機車上只有一個人，是一個個子矮小的短腿男。

刺青男對著短腿男嗆說：「嘸你剛剛是在看三小（台語）？」

短腿男回說：「恁爸看你嘸小（台語）！」

雙方僵持不下，但刺青男和平頭男是兩個人，所以比較有優勢，講話就比較「洪聲」（台語：講話囂張大聲），短腿男在聲勢上比較劣勢，經過一番爭吵後，想要離開現場。

沒想到，刺青男及平頭男一個擋在機車前頭，另一個用手抓住機車後座，不讓他離開，短腿男不斷說不爽再吵了，要離開現場。就在這個時候，刺青男拿著安全帽，往短腿男的背後砸了下去，短腿男應聲倒地，平頭男見狀，立刻加入開扁的行列，猛踹躺在地上的他！

這時候雖然紅燈已經轉爲綠燈，但現場太混亂，所有車輛也不敢開過正在打架的現場！

短腿男經過一番掙扎，逃到機車旁，打開車廂！

當短腿男打開車廂時，我和計程車司機都嚇了一大跳，不只我們，連所有在場圍觀的民眾也嚇傻了！

因爲，短腿男從車廂裡，拿出一把長約四十公分的武士刀！

短腿男一回身砍劈，立刻讓刺青男的右手臂劃破一道非常深的傷口，他再跟上往刺青男的左手砍去，只見刺青男的左掌整個斷裂，掉在地上，血不斷噴出！

平頭男見狀想要落跑，短腿男追了上去，往平頭男的背上狠狠砍了一刀，平頭男慘叫一聲趴倒在地！

見兩人倒地後，短腿男不斷對著他們怒吼：「幹！再來啊！再來啊！不是很厲害？不是很囂張？」短腿男驚人的怒吼、刺青男及平頭男在地上不斷哀嚎抽搐的畫面，形成強烈對比！

幾分鐘後，警察來到現場，救護車也到了。

刺青男和平頭男立刻被送上救護車，短腿男也遭到警察逮捕。

原本三個人互不認識，原本可以彼此相安無事地回家，吃個熱騰騰的晚飯，躺在沙發上看連續劇，但這一切發生得太快，才短短幾分鐘！但也就是這短短幾分鐘，決定了這三個人不同的命運！

我回到家後，對於當時怵目驚心的畫面仍久久不能忘掉，他們的行爲給了我很大的震撼，也對於年輕氣盛的幼稚行爲感到惋惜。

只是因爲互看不順眼，就發生這樣的衝突、這樣的悲劇！

記得之前聽江董講過一個故事。

幾個月前，一次偶然的機會，他和一位道上很資深輩分的大哥海龍參加一場宴會。在海龍哥用BMW740送他回家的路上，遇到了一輛白色喜美改裝車，那輛車改得很「川」（台語：很屌的意思），引擎聲大概一百公尺外都聽得到。車上有一男一女，他們把車窗搖下來，讓車上的台客音樂盡情放送，加上滿車LED閃爍的燈光，在大馬路上極度引人側目！

當他們的車「很正常地」超過那台白色喜美時，這下不得了，那台白色喜美好像中邪一樣狂追他們，並在忠孝東路林森北路口紅燈時，把車橫向他們車前，不讓他們離去！這時候，從白色喜美車上走下一位個子大約一七〇公分，但大約有九十公斤重的肥肚男，穿著一件汗衫，在他的肚子處隱約可以看到一隻豹，不應該是一隻貓，不……反正刺青已經因爲他的肥肚變形而無法辨識！肥肚男走向他們，並對著他們咆哮，要他們下來「處理一下」。

他們的車上除了江董跟海龍哥以外，還有兩位保鑣，江董原以爲海龍哥會下車教訓好好教訓肥肚男一頓，展現一下「大哥」的風範。沒想到，海龍哥只是把車窗搖下來對著他說：「大仔，歹勢，少年仔不會開車，得罪您，下次我們會注意。」肥肚男看到我們車窗搖下後，車上竟然有四個人，也就不敢多做反應，只是嘴裡唸著：「下次小心點，今天晚上是恁爸心情好，不爽和你計較。（台語）」然後，肥肚男就回到自己車上後離去。

後來，江董充滿疑惑問：「海龍哥，我們明明車上有四個男的，而且後車廂不是也有一些『傢伙』，爲什麼要跟他道歉，還讓他嗆聲後離開？」

「江仔，你這樣也太衝動了吧！在社會上不是你比較大尾（台語），就要把人教訓！就算眞的把他教訓一頓，那又代表什麼？證明你比較厲害？我如果是這種個性，早就不知道死到哪去了！還有機會做到現在這個位置？（台語）」說完，海龍哥大笑了好幾聲。

海龍哥接著說：「如果他眞的白目要相殺（台語），我們也不輸他！但他只是因爲車上載著七仔（台語），所以比較囂張，這是正常的。但是我們讓他爽一下，那又如何？很多少年仔都是因爲一時的衝動、愛面子，斷送自己的一生，甚至生命！這樣甘有比較厲害（台語）？」

最後，當海龍哥送江董到家下車前，教了江董兩件事：

「第一，絕對不要爲了小事讓你的情緒失控；第二，所有的事都是小事。」

失控的人生，再也回不去

忠哥是我的國中學長，當時是學校裡最「大尾」的帶頭大哥。以前在學校裡見到他，他身邊總有許多小弟跟班，也從來不缺妹，因爲多的是想當大哥女人的正妹！這讓剛進青春期、又苦追不到女朋友的我，羨慕不已……

以前我們學校有將近二十五個班，有五個是好班，其他二十個班是「普通班」，而忠哥是第十六班，也就是全校最兇狠的班的老大。

因爲我的特殊成長背景，忠哥在學校有被交代，要好好保護我。他對我說：「阿源，在這間學校裡，遇到任何事，都不用擔心，只要嗆我的名字，絕對沒人敢動你一根寒毛！」

哇！忠哥說這話的氣勢、魄力，讓我超崇拜的！

記得有一次，我們學校舉辦跆拳道比賽，得到冠軍的隊伍很嗆、很臭屁，一副瞧不起人的白目樣子，惹得觀賽的全校同學很不爽，當然忠哥也是其中之一。

忠哥在比賽結束後，立即號召將近三百個兄弟，每個人都拿著球棒、板凳或掃把等武器，把那個冠軍隊伍一行二十來個人，全部圍在校門口。

這時什麼黑帶幾段都沒用了，你用腳踢，人家用球棒，是你腳硬還是強棒硬？傻了嗎？這個冠軍隊伍剛剛比賽的囂張氣勢全沒了，取而代之只剩下恐懼，還有臭俗仔的求饒姿態，一直解釋剛剛是「不小心」猛踢選手的頭，是「不小心」不斷對倒地的選手嗆聲，一切都只是「誤會」……

忠哥要他們全部站成一列，面對我們學校大門口，向我們學校的校徽鞠躬道歉，不到三十秒，不准把頭抬起來！

這一役讓所有人出了口悶氣，更讓忠哥帶頭大哥的地位更加確立！

有一次，忠哥和學校訓導主任發生衝突，訓導主任把忠哥綁了起來，這下不得了了，事情鬧大了！全校將近三四百位忠哥的小弟全部擠到訓導處門口，把訓導處圍了起來，課也不上了（因爲教室根本沒人……），要求訓導處放人，否則絕不離開！

哇！這下僵持不下，眼看氣氛越來越緊繃，情勢快要失控，學校決定報警！

當警察趕到學校時，要把忠哥帶走，但所有忠哥的兄弟擋住去路，不讓人給帶走！

眼看連警察都穩不住場面時，學校找到了忠哥平常最聽她話的輔導老師彭老師來，讓彭老師和忠哥獨自談話，不到十分鐘，彭老師親手把忠哥的繩索解開，忠哥也自願接受學校處罰。當忠哥走出訓導處，大喊一聲，所有兄弟就逐漸散去。

哇！當時忠哥超屌的樣子，讓我印象極爲深刻，好像古惑仔裡的陳浩南，簡直帥呆了。當時的我，對於忠哥簡直是像神一樣的崇拜！

畢業後，我走上升學的路，而忠哥國中沒有畢業就輟學了，我們就這樣失去了連繫。但有聽說忠哥和人開了酒店和賭場，混得超大尾的！忠哥就是忠哥，果然不一樣！

經過十幾年後，我已經當了幾年律師。有一天經過我舊家附近的便利商店時，突然聽到一個熟悉的聲音叫住了我：「阿源！」

我回頭一看，是一位身穿無肩汗衫、破舊短褲，腳穿藍白拖鞋的中年男子，我好奇地問：「請問您是？」

「×（語助詞）！做大律師後，就忘記你老大了？」

「忠哥？」我仔細一看，那熟悉的輪廓，雖然多了些滄桑，還有依舊熟悉的語調，只是少了些氣勢，最後我還是認出了他。

「阿源，你不簡單喔，我有看到你上電視，聽說還有出書。×！眞的很厲害。你阿爸若還在，一定很驕傲！」忠哥很高興地對我說。

看到當年那麼照顧我的忠哥，我也很高興，我們兩個立刻到熱炒店喝上兩杯，好好聊聊彼此這些年的境況。

「×!早知道，當年就跟你一樣好好念書，今天也不會這麼落魄。」忠哥有些落寞地說。

「我不是聽說你和人家合開酒店和賭場？」

「拜託，那是小時候充面子說的，明明就只是替人看場的小圍事，講的好像場子是我的。唉，細漢時不懂事，假厲害。」

「所以，這些年你都在看場子？」

「嘸嘸，我後來就犯案，進去關了幾年，最近幾年才出來，出來後，人家看場的都要少年仔，我不再是十七八歲了，人家不要我了。」忠哥點了菸，喝了口酒，繼續說：「以前聽人家說，進去關出來後，會更大尾。×!那都是騙人的、電影演的。做流氓，沒錢就永遠當人家細漢的，如果年紀大了，不夠衝，連幫人家買菸買檳榔，人家都嫌多餘！」

「對了!你還記得小雯嗎？」

聽到這個名字，我眼睛都亮了：「當然記得，當年小雯姊可是校花級的人物，跟在你身邊，超有面子，多少兄弟羨慕你啊！」

「唉，當年就是因爲她懷孕了，我不懂事，跟她保證照顧她的幸福，這傻女人就跟著我一起退學，把孩子生了下來，現在大的都上國中了，小的國小三年級。」

「可是，你不是進去關了不少年，那他們的生活怎麼辦？」

「唉，剛開始小雯去學做美髮，但後來實在過不下去，就去茶室上班了……後來，豆干厝被拆了，她連國中學歷都沒有，工作不好找，只能到餐廳做外場服務人員……好加在，囝仔很懂事，大姊都會幫忙照顧弟弟。」講到這，忠哥也紅了眼眶：「X！都是您爸我無路用！沒出息！」

「我現在經過朋友的介紹，在工地當水泥工，但工作也是不穩定……」忠哥熄掉了手上的菸，隨即又點了另一根。

聽到忠哥的經歷，我心裡有些難過，便鼓勵他：「忠哥，那你就要更加努力，讓小雯姊和孩子過好生活啊！」

「阿源，你不用替我煩惱，我是誰？我是你老大，忠哥耶，絕對不會讓人看衰的，一定會賺到大錢的！」忠哥一口乾掉一大杯啤酒，突然大聲地說。

我們一起乾了一大杯，祝福彼此一起打拚努力，要賺大錢，過好生活！

臨走前，忠哥突然叫住我：「阿源，聽說你現在有在寫書，記得把恁爸細漢不懂事的故事寫出來，不要讓那些不會想的傻囝仔跟到我的不歸路，七逃眞的無了時啊……」

後來，我聽說忠哥沒有再去工地做工了，大家也不知道他的行蹤，直到有一天看到電視新聞報導：「今天警方在新北市三重環河南路破獲一起地下製毒工廠，現場起出大批改造槍械，還有數十公斤的海洛英成品及半成品，逮捕嫌犯蔡某某、吳某某、張慶忠……」

忠哥？竟然……

我不敢相信，直到新聞最後出現嫌犯畫面，真的是忠哥！販賣一級毒品！

小雯姊和兩個孩子該怎麼辦？他怎麼這麼傻！

忠哥那次被捕後，就再也沒有出來了。我後來有去探望小雯姊和兩個孩子，提供她們些許幫助。聽小雯姊說，她打算回去投靠爸媽，至少孩子的外公和外婆可以養得起。

我問小雯姊：「對這段感情後悔嗎？」

「路是人選的，沒有什麼後不後悔。但如果真的可以回到當年，我不會再這麼不懂事了，應該聽爸媽的話，就不會害這兩個孩子跟著我受苦……只是，再也回不去了，這就是命，是一場爛命！」小雯姊紅著眼眶說。

人生的路途很漫長，但關鍵的只有幾步而已！而往往也就是這幾步，決定了你的命運，你的一生！

後悔和如果，在歷史洪流裡，從來就沒有市場！

許多孩子，在學校看著很多帶頭大哥好像很威風，但，眞的可以威風一輩子嗎？

小時候，學校基於教育目的，對於孩子們的脫軌行爲，有較大的容忍度，希望給孩子改過的機會。但出社會後，你犯任何錯，毫無例外都是要面臨法律制裁的。古惑仔電影裡大家拿刀砍來砍去，好像很威風，都不用負法律責任，那眞的只是電影，別傻了！

人或許無法左右命運，但也不應該讓命運所左右！當你踏上不歸路的那一刻起，你的人生就已經失控，你的人生不再是你的，再也回不去了，只剩漂泊。

別輕易賣掉自己的靈魂

記得我還在擔任訴訟律師時，曾經承辦過一件殺人案件。委任人是一位三重的小混混，叫「阿南」。

有一天，阿南和幾位友人到五股龍米路附近的「茶室仔」喝酒，喝完酒因爲沒有錢付帳，大家討論後，決定利用喝醉酒鬧事的方法離開茶室仔。

他們隨意找了一桌人，假裝喝醉酒，和對方起了口角衝突，當雙方開始大打出手，杯子椅子滿天飛，阿南一幫人也趁亂要離開茶室。但眼尖的茶室圍事發現事有蹊蹺，立刻召集大批人馬，阻止阿南他們離開，一大群人在店門口發生大亂戰！

阿南手腳快速，跑到自己的車旁，撂倒兩位圍事後，上了車，用力踩下油門，直往前方那位帶頭圍事阿德衝，朝他背面猛烈撞擊，阿德的後腦勺直接撞到擋風玻璃，擋風玻璃裂掉，他的頭皮整片黏在擋風玻璃上，身體往前彈了出去，落在十幾公尺外。阿南仍然加速向前，把阿德狠狠地輾了過去！

阿德在地上掙扎了幾下，就趴在地上，再也沒有動靜了！他在送醫過程中斷氣，留下老婆和三個稚幼的孩子……

阿南很快就遭到警方逮捕歸案，檢察官以殺人罪偵辦中……

阿南的家人找上了我，希望委任我當他的辯護律師。我當時對於案情的了解僅止於他家人的陳述，所以我必須親走一趟看守所，和阿南見面討論。

記得當我到看守所和阿南見面時，第一個感覺就是人家說的「相由心生」這句話。阿南長得就很難讓人相信他是個善類，和他深入討論研究案發過程後，我更確認他一點都不無辜，當時他的念頭就是要讓阿德死！

在這個案件後之前，我打的官司勝多敗少，只要接下案件，我一定全力以赴，讓當事人取得勝訴或無罪判決，我對於自己的訴訟技巧非常有自信！

我仔細研究這個案件後發現，第一，阿南當天已經喝醉酒，意識不是很清楚；第二，阿南有四百多度的近視，當晚衝突過程中，他的眼鏡被打掉，所以開車衝撞時，並沒有配戴眼鏡；第三，那天半夜下著大雨，加上那附近採用傳統路燈照明，所以路燈與路燈間，會有照射範圍的黑暗死角，阿南衝撞的撞擊點，就在黑暗死角範圍內。

綜合以上因素，只要我在法庭上說服法官，說阿南「客觀上」確實有撞到阿德，「主觀認知上」卻只知道撞到一個「東西」而不是「人」！所以欠缺「故意殺人罪」的「主觀故意要件」，頂多成立「過失殺人罪」！

只要再努力些，加上更多有利證據，我有說服法官的把握！

故意殺人罪的刑責是死刑、無期徒刑、十年以上有期徒刑。

過失殺人罪的刑責是兩年以下有期徒刑！

這兩條罪的差別不是一點點，是非常「大點」，足以讓阿南逃過一命！

阿南的家人向我開出一審五十萬元的價碼！這個價碼很誘人，再加上案件難度很高，對於想成爲頂尖的訴訟律師的我，是非常好的磨練機會。

但我心裡想著，如果我給阿南活命的機會，那誰給當時也想活命的阿德機會？阿德也想要平安回家陪陪老婆，抱抱小孩……

要不要繼續接受阿南的委任，讓我陷入很複雜、很掙扎的思考。

我家裡供奉的神明是關公，每當我遇到難解的問題或內心感到不安時，我都會特別到關公面前沉思。

一如往常，我又來到關公面前，當我點上三炷香，祈求關公賜給我智慧……

就在我把香插上香爐時，突然回想起當年要參加律師考試前，到行天宮拜拜的景象。

當年爲了應屆考上律師，我非常愼重地在行天宮關公面前許誓承諾：在我律師執業生涯中，絕不接違背良心的案件……

這個承諾打醒了我！讓我想通，我學得一身好武藝，不是爲了替這樣的人打官司的！

幾天後，我再次來到看守所和阿南見面，我勸他認罪，只要他願意認罪，我仍會繼續擔任他的律師，並協助他取得被害人家屬的原諒，讓法官願意從輕量刑。

沒想到，阿南很憤怒地對我說：「你是在起肖嗎？恁爸花這麼多錢請律師，你竟然要我認罪！」

經過那次律見後，我決定解除委任，並將律師費用退還給阿南的家屬。

這件事給我很深的啓發，雖然學校理論告訴我，無論任何被告都有辯護權，但我覺得，這世界還是有是非存在的，心中還是要有一把衡量道德標準的尺。

如果我幫他做無罪辯護，並獲得勝訴後，我眞的能睡得著嗎？阿德的家屬應該會恨我一輩子吧?!

紀曉嵐說過：「訟師只有勝利，沒有正義！」

我不想當一個辯護技巧高超，眼裡只有勝利，卻忘記正義的「訟師」！

雖然我知道，通常是壞人才出得起高額的律師費，放棄接這類案件，等於放棄賺大把鈔票的機會。曾有律師前輩告訴我，只要多接幾次，打贏時捐點錢，反正大家都只是在社會上混口飯吃的，這樣一想，心情就可以很快調適過來了。

但我願意放棄，因為我永遠記得在關公面前的許誓承諾，我絕不能出賣我的靈魂！

在很多時候，幾乎每個人都是有標價的，特別是年紀漸長，生活壓力漸增，自己最原始的初衷及熱情是很容易改變的。

每天你要能在鏡子裡看清楚自己是誰，不然你會很訝異，有天你竟然如此輕易賣掉自己的靈魂！

一個人一輩子能賺多少錢，都是注定好的，強求不來。

但我認為，人一輩子到頭來，至少要看得起自己！

只有準備好的人，才能把「機遇」變「機會」

人在一生中，無論貧富貴賤，都會有許多大大小小的「機遇」，但只有態度好、準備好的人，才能在面對這些機遇時，將這些機遇轉變爲扭轉一生的「機會」。

最近我們事務所因爲業務擴張的緣故，上網應徵行政助理及法務助理。在不到一個星期內，我們收到了將近三百封履歷，數量之多，讓整個事務所的夥伴們都嚇了一大跳。因爲履歷眾多，要先一封一封篩選後，再挑出預備面試的候選人。在我仔細看著每一封履歷時，發現現在的人在應徵工作所遞出的履歷，幾乎都是網路人力銀行的制式格式，只是將同樣的履歷寄到數以百計的公司，期望可以獲得面試的機會。

其實，以這種模式投履歷有一個很大的問題，如同我常說的，找工作就像愛情追求的過程，你會寫一封內容完全一樣的情書給數以百計的女孩，然後期待可以跟女孩約會嗎？這樣的履歷可以讓人感受到你正視這個工作機會的態度嗎？因此，當我見到不是用制式格式寫的履歷，特別是有專門針對我們事務所寫出「應徵動機」，更會多留意幾秒。

另外，當我第一眼看履歷時，一定先看應徵人的照片、身高和體重。這並非因爲我是「外貌協會」，這是一種常識！公司的老闆或主管當然有權利先知道應徵者的基本外型，因爲外型本來就是一個人給人的第一印象，甚至是最深的印象。可是，許多人的履歷在照片欄註明「不方便透露」，身高註明「不方便透露」，體重註明「不方便透露」！你以爲自己是藏鏡人嗎？還是準備給面試主管一個「驚喜」？

如果是這樣，你可能想太多了，因爲你根本沒有機會見到面試主管！在數以百封的履歷中，主管要挑出值得面試的人選都已經很辛苦了，誰還有心情期待這種「無聊的驚喜」？我的做法通常就是直接拿掉！

至於自傳部分，更是令人感到驚訝，許多人的自傳不但錯字連篇，故事更是千篇一律，一眼就可以看出不少成分是「掰」的。有些人甚至懶得掰，直接在自傳部分寫上「等面試時再告訴你」！那要不要乾脆幫你辦一場自傳演講會？搞什麼飛機？

在我看完數百封履歷，已經精疲力盡，但還是勉強從這些履歷中挑出「似乎」值得一見的應徵者，大約十來位，我把名單交給秘書，請她約時間。

秘書在約完時間後，跟我回報，並問：「其中有一位女生說，面試的時間可以安排在早上十點半以後，或下午三點半以後嗎？」當時我秘書問這位面試者：「爲什麼？」

她回答：「因爲如果太早，我怕爬不起來，中午吃完飯後，我要睡午覺。」秘書問我還要約這位女孩嗎？我說：「你覺得呢？」

終於到了面試的這天。這天是星期三，第一位面試的人約早上九點，我八點半就在辦公室等，並再仔細瀏覽一次她的履歷表，好準備等一下面試的問題。

當九點十分還不見應徵者的人影時，秘書打電話去問。她一副還在睡覺的聲音說：「今天要面試喔？不是下星期三嗎？」我只好忍著氣等待第二位應徵者。

到了九點半，是第二位應徵者應該來的時間，卻不見人影！秘書只好再打電話去確認。這位大哥說：「我突然不想去面試了，因爲等一下要直播NBA林書豪領軍的紐約尼克對上多倫多暴龍的比賽。」秘書說：「那你是不是應該打電話來通知一下？」他略顯驚訝說：「不想去面試要通知喔？我以爲想去再去的說！」我眞的有點無言了……

接下來的幾位還算順利，到了下午兩點的那位小姐，又出了狀況，她打電話來事務所說：「不好意思，請問你們事務所的地址在哪？剛有點事情，我可能要兩點半才能到，可以嗎？」秘書也只好答應。

到了兩點半，還是不見這位小姐的蹤影，這時電話又響了，她說：「剛剛一直等不到公車，現在搭到了，我可能會三點半才到，可以嗎？」秘書只好趕快安插其他已經到的應徵者先進來面試。

到了三點半，這位應徵者還是沒來?!於是秘書打電話去，電話通了，但沒有人接?!我擔心她會不會在路上遇到什麼問題，所以請秘書每隔三十分鐘打一次電話給她，每一通都有通，只是沒人接。一直到五點半，我們要下班了，秘書打去最後一通，這次電話沒有通了，因爲她已經關機了……

根據人力銀行的統計，社會新鮮人平均要寄出七十四封履歷，才會有一次面試的機會，並藉由這個數字解讀爲經濟環境變差，導致許多社會新鮮人找不到工作。其實，單純從這數據進行這樣的解讀是有問題的，如果年輕人以前面我提到的幾位應徵者的態度去找工作，我看恐怕不只要七十四封，後面應該還要再加上一個零，要面試他們的老闆可能精神狀態也不太好！

人的一生當中，都會有許多的「機遇」，但只有在面對眼前的機遇時，自我態度良好、準備好的人，才能將眼前的機遇轉變爲扭轉一生的「機會」，不然，眼前的機遇會在一瞬間消失。當你永遠在抱怨沒有人願意給你機會，覺得社會對你不公平，但你眞的認眞檢討過自己的態度與準備嗎？

創造自己獨特的價值

華哥是一位很神祕的大哥，年約五十五歲，雲林人，交友非常廣闊，辦公室裡永遠有很多人在「泡茶」。甚至每次到了吃飯時間，他的「助理群」就會去張羅各式各樣的菜餚，直接在辦公室裡開起餐會來！

一如往常，我下午來到華哥辦公室泡茶，突然間，有一對母女哭哭啼啼跑了進來，一進門就跪倒在地。華哥要她們先坐下來，有事慢慢說。

「華哥，您一定要救救我們家！我那該死的老公，就是改不了愛賭的死人個性，上個星期到澳門去賭，欠了一屁股債，還不出錢來，現在被賭場的人給扣住了！雖然他很該死，但畢竟還是我老公、孩子的爸爸。孩子還小，現在才六歲，這個家需要他！華哥，求求您行行好，救他一條狗命吧！」婦女聲淚俱下地說。

「他是欠多少錢？」

「賭場的人說六百萬。」

「你還得出來嗎？」

「我把家裡的房子先拿去抵押，應該可以把錢湊出來，但需要幾天的時間。不過，這也是家裡最後的財產了……」

華哥知道她老公那愛賭的死人個性，惹過不少事情。但華哥說，這位婦女叫麗珠，是個很善良、很賢慧的女人，都是跟錯男人才這麼命苦……

華哥問她老公是被哪個賭場扣住後，喝了口茶，想了幾分鐘……他拿起手機，打了通電話到澳門，大約講了不到五分鐘，就結束了這通電話。

華哥要麗珠等一下，就沒有多說話了，麗珠也只能靜靜坐在旁邊，看得出來她的表情還是非常緊張、擔心，但大家繼續一如往常地泡茶聊天。

過了大約一個小時，華哥的電話響了，通知麗珠的老公已經在澳門機場登上回台灣的飛機了！一通電話就讓澳門國際賭場放人?!我在旁邊看傻了眼！

麗珠這時候才露出一絲笑容，不斷感謝華哥的幫忙，連在一旁的小女孩都不斷說著：「謝謝阿伯！」

她們離去後，我問華哥怎麼辦到的?太神奇了！

「沒什麼，我沒多行，我什麼沒有，就是兄弟多！都是兄弟們幫忙。」華哥淡然地回答，然後就繼續泡茶聊天了。

回到家後，我一直在想，究竟人脈要廣、深到什麼程度，才能做到一通電話就讓澳門國際賭場放人？當然，並不是說我們都要培養能讓賭場放人的能力，只是這其中透露一個很重要的訊息，那就是「辦事」的能力。

我身邊的老闆們，雖然都有自己的事業領域，但我發現，他們辦事的能力不會局限於自己的事業領域，而是給人「很有辦法」「門路很多」的印象。

這種印象和學校教的不太一樣，老師總是告訴我們要「專注本業」。我的本業是律師，法律專業是我的生存技能，剛開始當律師時，我非常專注在法律專業的鑽研上，如果不是法律專業問題，基本上我的興趣就不高，也不想去研究如何解決處理。

但後來我逐漸發現，這樣太局限了，不是大家每天都會遇到法律問題。在商場上，律師對大老闆雖然很重要，但卻不是最關鍵重要的，最關鍵的還是「解決問題」的能力！

試問，如果有一個人，無論什麼問題交給他，都能把事辦好，把問題解決，你會不想和他交朋友？會不想把他留在身邊嗎？

所以，**當你具有解決各種問題的能力時，你的自我價値會高度提升，進而成爲大老闆身邊不可或缺的角色。**

一個人每天的時間、精力是有限的，你不可能靠一己之力去學會解決各種問題，這也是老闆需要你在身邊的理由所在，因爲他沒有足夠的時間、精力。因此，要如何讓自己擁有這「夢幻般」的生存技能？答案很簡單，你必須靠很多「朋友」的幫忙。

每個人生活在社會裡幾十年，都會在各自的專業領域中不斷學習成長，你不可能在短時間內跨領域學習並贏過別人。想通這點後，我不再單純依賴自己去解決問題，而是學習透過別人的雙手、勞力、時間、大腦來幫助我解決問題！

我開始蒐集各種解決問題能力，當然不是靠我自己鑽研，而是整理身邊所有朋友的技能。經過幾年的「實務操作經驗」，慢慢地，我能夠解決的問題種類越來越多，逐漸從一位單純的「專業律師」，變成「雜學家」！

大老闆遇到的各種問題，第一時間就會想到我，想知道我有沒有辦法解決？有沒有「門路」？無論小到飯店訂位、智慧型手機的設定，大到數十億的土地交易……

「門路」在社會上很重要！

例如，如果生一場重病需要開刀，你會隨便上網找一位醫生嗎？還是會找「最好」的醫生？當你知道誰是最好的，你認識他嗎？你會不會覺得如果有這位醫生很熟識的人先幫你引薦很重要？這就是門路的力量。

大老闆常說，**商戰就是情報戰**！

門路就是一種情報網絡，特別在地產投資領域，情報準確度更是決定勝敗的關鍵。**精確度、隱密度、價値度越高的情報，越會跟著人走。**

所以一個擁有很多情報，很多門路的人，必然擁有令人讚嘆的人脈網絡！老闆們總是教導我：「**人家一通電話就解決，你卻碰得一鼻子灰，再專業也是枉然。**」

也許，你想問，爲什麼大家願意幫我忙？

沒有人會沒事花自己的時間、勞力、關係來幫助你。這就是社會，你最好永遠把這句話放在心上！

當我知道辦事需要的就是「人」，自己辦不了所有事。既然需要別人的幫忙，就要先從幫別人的忙做起！

因爲我的律師本業，會有很多人來找我詢問法律問題。一般律師會關注諮詢收費，或者是來詢問的人會不會花錢委任等，我卻將重心放在「交朋友」上，從不把來找我幫忙的人當作「客戶」，而是「朋友」「兄弟」！

也許你會覺得我義務幫忙好像很傻，但我永遠記得一位大哥教我的那句話：**「常放人情債，勝過高利貸！」**

多去幫助他人得到想要的東西，只要耐心等待，總有一天你就會得到你想要的東西。

人跟人相處，講究的是「感覺問題」。若你凡事過於功利，人家不是傻子，你會算人家就不會算？**當你凡事都盡心盡力幫忙，不計較，人家也很難跟你算，彼此就只能欠著算不清的「人情債」，久了就會轉化成爲彼此的「情分」。**

當別人來請你幫忙時，你總是推說「不清楚」「我不會」「我很忙」，這是最簡單的處理方法。但是，這種偷懶苟且的心態，也往往貶低了自我價值，讓自己被定位成一個不重視他人、也不值得被尊重的小角色。

誰沒有自己的事要忙？相信我，你總會有求人的一天。當你需要求人幫忙時，才發現靠人際關係可以簡單化解的事情，會因爲找不到可用的人際關係，結果花再多錢都解決不了！相反地，如果你總是願意撥出時間來協助別人，雖然有些不便，有些麻煩，但等你需要別人幫忙時，你就會知道當時的「舉手之勞」竟然會帶給你如此驚人的幫助！

人與人相處，就是在不斷彼此幫忙，你給我人情，我給你人情，彼此相互支持的情分，這就是所謂的「人情世故」！

我之所以可以成為多位大老闆身邊的私人顧問，就在於我建立一種重要印象，那就是「只要用得到我，請盡管開口」。久而久之，當大家遇到問題時，就會想「在這種時候，峰源會怎麼想呢？也許峰源有特殊解決的門路？眞想聽聽他的意見」。這就是我的「獨特價值」！

「如果不跟你交往便得不到的價值」，就是你的「獨特價值」。

擁有解決各種疑難雜症的能力，在現實社會裡是非常少見的，這無法靠一己之力辦到，需要非常多朋友的幫忙，「情分」就是這種珍貴情報網絡的存在支撐基礎。試著想像一下，如果當你遇到困難，使盡渾身解數，耗費許多時間、金錢仍然一籌莫展，但有某個人卻只要打通電話、找個人，就能順利解套，這樣的朋友，你會不想認識嗎？會不希望他是你的朋友嗎？

當你擁有這種「罕見」的能力，就獲得了在社會生存的本事，創造出自己獨特的價值，更是所有老闆競相爭取、攏絡的「大才」！

相信我，建立「只要用得到我，請盡管開口」的印象，對於你在社會上的人際交往將有意想不到的助益。

一個人會失敗，理由永遠只有幾種而已

阿力是一位從屏東來台北打拚的年輕人，剛來台北時，應徵到一家麻辣鍋店廚房擔任助手的工作，負責製作鍋底鴨血、豆腐，月薪只有兩萬八千元，除了日常必須開銷外，都要存下來繳助學貸款和寄錢回屏東老家。

經過幾年的工作，阿力雖然學得製作麻辣鍋底的技術，但沒有什麼積蓄，唯一值得開心的是，他把助學貸款還清了。

在一次偶然的聚會中，他認識一位從事貿易業的陳老闆。陳老闆是位老饕，對於美食很有研究，想開間麻辣鍋店，但一直找不到適當的人選。剛好阿力會做麻辣鍋底，陳老闆希望阿力來幫忙，一起開麻辣鍋店，加上另外兩位吳老闆和郭老闆，一共四人，大家一拍即合。由三位老闆出資，湊齊資本額一千兩百萬，就正式成立了麻辣鍋店。

爲了幫助年輕人，也讓阿力專心把鍋底做好，三位老闆讓他不用出資，只出技術，就可以占十%、價值一百二十萬元的股份，加上擔任總經理的職位，每月五萬元底薪，獎金另外計算。阿力非常開心，覺得好像在做夢一樣。

剛開始店裡的生意並不太好，虧損連連，大家同意再出資一次一千兩百萬，讓公司繼續經營下去。同樣地，阿力只出技術，不用眞的拿錢出來，仍然有十％股份。經過所有同仁一起努力，生意漸漸有了起色，終於在第三年達到損益兩平，而且開始賺大錢！

幾年後，店裡生意好到讓大家嚇了一大跳，以阿力爲例，他只占十％的股份，每年光紅利分紅可以領到將近四百萬，加上總經理職位的底薪和獎金分紅，一年可以領到超過五百萬元！

當年是陳老闆給阿力這個機會，對阿力像自己兒子般疼愛有加，連在台北市買房子，都約阿力當鄰居一起買。阿力沒有足夠的頭期款，陳老闆二話不說，直接無息借給他！經過幾年後，光這間房子的增值就超過千萬元！

阿力的人生，從一位鄉下來的傻小子，一下子因爲貴人提拔加上自己的努力，徹底翻轉了命運。

到了開第三家店後，公司越來越賺錢，阿力也開始學會享受生活，不只全身名牌，也買了最新款的ＢＭＷ，下了班開始會和朋友去酒店紓解壓力，過著物質充裕的「舒適」生活。

漸漸地，阿力不再是當年那個傻小子，他認爲：「這三位股東當年只是出資，公司的經營都是我在負責，他們每次來公司只是開會。我拚得要死，他們也還是盯東盯西的，一下子要改進這，一下子要改進那。我縱使再拚，也只是占十%，賺的錢大部分都被他們給分走了！」

阿力的物質欲望越來越強，每月的開支越來越大，每天想著怎麼樣賺更多的錢，慢慢地看這三位股東「不太順眼」，覺得他們是「沒用的」老傢伙……

阿力爲了多賺一些錢，開始向供應商拿回扣，導致食材品質漸漸下降，公司賬也越來越不乾淨。三位股東很快就發現這個問題，要求阿力改善，但阿力不想再受他們的控制，大家的關係越來越緊張……

半年後，阿力終於完成他精心的佈局，他和幾位公司經理和領班密謀已久的計畫終於實現，他們一起合資在台北偷偷開了一家麻辣鍋店，已經裝潢完成，由阿力占股四十%，預計在年後正式開幕。大家打算領完公司年終就一起離職，以爲公司一下子有十八位主管離職，一定會唱空城計，天下大亂！

領年終的日子到來了，就在這些人領完年終，一起請辭時，沒想到三位股東一點都不顯得緊張，只是淡淡地祝福大家。緊接著，從門外進來超過二十幾位他們從未見過的新面孔，眼尖的阿力一眼認出其中一位，就是以前教他麻辣鍋底的師父！

原來，三位股東早就料到有這場「叛變」，做好了更精心的安排，瞬間將公司經營團隊全部換掉，由更有經驗的一批團隊進駐，讓公司經營「無縫接軌」！

當你把別人當笨蛋時，其實你自己就是笨蛋。

其實在阿力佈局計畫時，三位股東早就察覺不對勁，也默默地佈局更精密的計畫。阿力以爲這三位股東是笨蛋，絕不會發現這個計畫，預計讓他們措手不及，但就結果看來，原來阿力自己才是笨蛋，更像小丑……

這一切讓阿力很傻眼，他自以爲天衣無縫的計畫，只不過喝杯茶的功夫就被摧毀了！他只能默默地帶著他的「團隊」離開了這家店。

任何純粹利益結合的團隊，路一定是走不遠的！

阿力的新麻辣鍋店剛開始生意還不錯，但因爲股東人數眾多，他這時才發現，這些人當員工可以，但要當公司經營者，那是完全不行的。這些人完全沒有經營的前瞻思維，每次股東會總是七嘴八舌吵個不停，不歡而散後，隔天就會立刻影響工作心情，消極不配合，讓工作分工出現問題，服務品質低落，導致客人抱怨連連……沒多久，生意也就漸漸差了。

更慘的是，因爲經營麻辣鍋，那濃厚的味道肯定會引起附近居民的不滿抗議，甚至到主管機關檢舉，以前都是由處事圓融、政商人脈深厚的陳老闆出面，總能獲得完滿的結果。但現在這個問題讓阿力非常頭痛，因爲他只會做鍋底和處理餐廳現場管理，不善於處理這類法律和政治問題，最後不但無法平息居民的怨氣，也被建管單位和消防單位處以鉅額罰款！

這時，阿力才想起那三位看似「沒用」的老傢伙，也懷念起過去只要專心把鍋底做好，把現場管理好就好的爽日子。原來，老闆不是普通人能當的……

不出半年，這家新麻辣鍋店如三位老闆的預料，倒閉了。

阿力天眞地想著：沒關係，至少我還有原來麻辣鍋店10％的股份，每年還可以領將近4百萬的分紅……

股神巴菲特說過：「**小狗玩不出老把戲**。」

這三位老闆都是商場上的老仙角（台語：老手），怎麼可能讓你這麼天眞的「商場小白兔」得逞呢？

在最新一次的股東會上，三位股東聯手通過公司股份增資案，爲了擴大公司經營，預籌開新分店的資金，決定增資兩億四千萬！

阿力的所有積蓄都賠在那間麻辣鍋店了，還背了不少債務，再加上龐大房貸債務壓力，根本不可能再拿出十%，也就是兩千四百萬的現金來認股，因此他的股份就被稀釋到只剩下約一%。此外，公司決議，爲了維持公司正常經營及儲備擴店資金，五年內不發放任何分紅。

這一連串的措施，讓背負沉重財務壓力的阿力投降了，決定出售股份，換取現金，並將房子賣掉，以解決財務壓力。當年提拔他的陳老闆一口氣出資接收他所有股份、資產。

經過幾年的折騰，阿力又回到當年一無所有的日子，身上還有不少債務……

「不要學習別人成功的方法，但要記取別人失敗的教訓。因爲每個人成功的方法都不一樣，會因爲天賦、環境、際遇而不同，所以成功是學不來的。但一個人會失敗的理由，永遠是那幾種。」

——阿里巴巴創辦人　馬雲

每個人失敗的原因都差不多，都是源自於「人性弱點」，這種弱點如果沒有前輩的提點，光想靠自己領悟和避免，幾乎是不太可能的。

「少年得志大不幸」，這句話更深的意涵，就是當年輕人太早成功，會因爲過度的

「自信」，把成功視爲理所當然，容易將一切榮耀歸於自己的努力，忘記前輩「提拔的恩情」，自然不再有前輩願意提點你，或者你根本瞧不起他們，聽不進他們說的話了。

當你的心被「貪婪」蒙蔽時，你的「心」將不再堅強，反而變得脆弱，就是被人利用、攻破的最佳契機！失敗必在貪婪的下一刻來臨！

寧願少賺三千萬！

劉大哥是我在扶輪社的社友，他很重義氣，平常也很照顧我，每次喝了酒，總是開玩笑說，有天他不在了，一定要把他的「傳奇」故事好好寫出來給大家看。所以他總是在喝醉後反覆講述著他的創業故事，我已經聽過不下數十次了……

劉大哥是在地三重人，因爲家境貧困，年紀很輕就出社會打拚賺錢。剛開始加入貨運行當司機，幾年後存了點錢，二十出頭就決定離職創業。

剛開始創業，開著一輛二手小貨車，無論什麼貨物運送業務都接，利潤不高，只賺到人工錢，苦撐了一年，他決定向銀行貸款，擴充車隊規模，並開始接觸報紙派送業務。

劉大哥個性非常四海，「兄弟」口氣很濃厚，這種特質很利於管理司機及建立車隊，所以沒多久就聚攏許多司機跟隨他。但因爲劉大哥當時沒有經營管理的經驗，又看不懂財務報表，經過三年後，雖然公司承接許多業務，竟然賺錢做到賠錢，把錢都賠光了，還欠了好幾百萬！當年三重的房價一坪才七萬元！對一個不到三十歲的年輕人來說，根本還不了！

劉大哥剛開始時也是選擇逃避，每天醉生夢死，希望隔天醒來就什麼債務都沒了……直到有一天，他的大女兒萱萱到幼稚園上學時，被同學取笑，說她爸爸是個酒鬼，還到處欠人家錢，羞羞臉！回到家後，看到爸爸又在喝酒，萱萱很懂事，沒有多說，回到書房靜靜哭泣。劉大哥非常疼愛女兒，他在客廳彷彿聽到孩子在哭泣，便進房問萱萱發生什麼事，萱萱才緊緊抱著劉大哥嚎啕大哭，並告訴他今天學校發生的事情。

這一夜，劉大哥徹夜未眠，一滴酒都沒喝，躺在床上，看著天花板，想著躺在同一張床上的妻子，還有兩個稚幼的女兒萱萱及韻柔……千頭萬緒在他腦海不斷攪動……不知不覺，天亮了，他終於想通了！

人生的難關，想逃避不一定逃得了，面對不一定是最痛苦的！那就面對吧！像個男人！

劉大哥起身，掀開暖和的冬被，在寒冷的清晨裡大聲嘶吼：

「你是男人！這個家、老婆、小孩們都靠你一個人！必須振作！一定要振作！」

劉大哥把家裡所有酒瓶都丟掉！不再醉生夢死，也不再逃避！

雖然欠下鉅額債務，但劉大哥知道一時間也想不出辦法，他決定請債主給他時間，並承諾一定會慢慢分期還掉。

其中一位債主也是一間小型貨運公司的老闆，很欣賞他勇於面對的魄力，決定延攬他到公司上班，借重他管理司機的長才，協助公司建立車隊。

那幾年劉大哥都有按時將債務分期償還給各個債主，只留極少部分當作家用，這個勇於面對債務的態度，受到很多老闆的欣賞。因緣際會下，認識了當時的國內報業龍頭余董事長。余董非常欣賞他，決定把公司部分報紙的派送業務交給他處理。但因為他所在的公司規模太小，付不出高額的保證金。此外，這個業務量很大，需要很強大的貨運團隊，而老闆也不敢冒於擴充規模。

因此，劉大哥決定再次創業！他心想：「反正死豬不怕滾水燙，我早已沒有退路，那就賭一把吧！」

這次創業，他根本沒有任何本錢，但因為之前他勇於面對債務，幾年來都信守承諾還錢，所以這次創業時，之前借他錢的老闆們都願意再一次情義相挺，借錢給他。

劉大哥湊到本錢後，開始運用他最擅長找司機和建立車隊的能力，在很短時間內就找到貨運團隊，加上這次他記取教訓，在新公司剛開始時，他就重金聘請專業的行政、財務管理人才，幫他把後勤做好，讓他可以全心在第一線衝刺業務。

憑藉著膽識、好人緣、好信用，劉大哥真的在「一無所有」的情況下，標下了當時國內最大發行量報紙的派送業務！

經過一年左右的打拚，公司達到損益兩平，到了第五年後，劉大哥就把之前所有債務都清償完畢了！經過十幾年，劉大哥的身家早已不可同日而語，是國內運送各大報最頂尖的物流車隊企業家！

現在的劉大哥已經不需要在第一線管理公司車隊，公司的制度早已建立，人才濟濟，他只要專心對外應酬喝酒，好好掌握業務就可以了。

雖然劉大哥已經賺了這麼多錢，可惜心中一直有個遺憾，因爲他們家三代單傳，所以他一直想要一個男孩子，可是他已經連生三個女兒了……劉大哥不止一次地跟我說，這是他心中最大的遺憾……

現在夫妻都有一點年紀了，而且劉大哥每天晚上都有吃不完的飯、喝不完的酒、跑不完的攤，三高和心血管疾病是一定有的，加上飲食控制不佳，這幾年也開始有糖尿病的症狀，這些都加重了劉大嫂懷孕的難度……

但「毅力過人」的劉大哥，還是繼續努力做人，終於在二〇〇九年傳出好消息，劉大嫂懷孕了！經過超級緊張的頭幾個月，終於等到看性別的那次產檢……

醫生宣布：「這一胎是女生……」第四個女兒……

劉大哥整個傻了，雖然他很疼孩子，但臉上還是難掩失望。

夫妻倆決定繼續再拚一次！

但因爲網路時代發達，這幾年報紙的發行量逐漸萎縮，連帶也影響到公司的業務，這使得劉大哥必須更努力在外應酬爭取業務，以維持眾多員工的生計，所以又是吃不完的飯、喝不完的酒、跑不完的攤，身體狀況更不好了，雖然負擔得起很多很貴的補品，例如牛樟芝、人參等，但好像沒有很大功效，他的肚子一天天地肥了起來。

有次吃飯，劉大哥的好朋友王董還虧他說，現在是你要懷孕，還是你老婆是要懷孕？怎麼你的肚子比你老婆的還大！

經過企業轉型的陣痛期後，公司業務穩定下來，劉大嫂總是勸劉大哥少喝一些，日子過得去就好。但劉大哥正值壯年，事業心正強，對於這樣的關心，總是左耳進右耳出，所以肚子還是持續成長……

經過四年的奮戰，皇天不負苦心人，終於在二〇一三年傳出好消息，劉大嫂再次懷孕了！又一次經過頭幾個月的漫長等待，終於等到看性別的那次產檢……

醫生宣布：「這一胎是……男生！」

劉大哥又一次傻住了！但這次是開心到不可置信，連劉大嫂也喜極而泣了！

這次產期，劉大哥盡量減少應酬，全心照料劉大嫂。二〇一三年十月二十六日，劉大嫂順利產下第五胎，連名字都已經先取好了，叫做「天祐」。

爲什麼我對出生年月日會記得這麼清楚？因爲我二女兒是同年十月二十五日出生，比劉大哥的兒子早了一天。

經過一整個月人仰馬翻的坐月子，我和劉大哥都被操累了，但彼此也多了些「患難與共」的感情。

十一月二十五日，我和劉大哥在萬華的大拜拜辦桌偶遇，我看著劉大哥滿面春風，覺得他經過這個月的操勞，有瘦了幾公斤，便對他說：「你的肚子有稍微消下去一點點。」劉大哥聽了好開心，我們還分享了彌月蛋糕和油飯的選購心得。我們的共同結論就是，這件事還是女人在行，我們男人就是全力配合，付錢就好。講到這，我們兩個都哈哈大笑了起來。

十一月二十六日，這天是我們扶輪社的週年慶，也是新社員的授證大會，所有社友大哥都各司其職，非常忙碌。我擔任大會司儀，而劉大哥則是分配到招待的工作。這晚每個扶輪兄弟都在恭賀劉大哥，恭喜他努力多年，終於生到一個「帶把」的！

我跟劉大哥也預計在下星期的扶輪社例會中，一起發放我們的彌月蛋糕和彌月油飯。我超期待劉大哥的彌月油飯的！因爲聽說劉大哥不惜重本，找到一家老師傅煮的彌月油飯，保證好吃的啦！

由於這個寶貝兒子的到來，劉大哥對未來充滿希望，之前訂購的十輛全新大貨車，預計下個月交車，大陸的投資佈局也已經進入更深入的階段，準備放手好好大幹一場！這孩子給了劉大哥無比的動力和信心！

十一月二十八日，新聞報導：「今年入冬第一波寒流發威！今天清晨，全台許多地區都出現當地入冬以來最低溫紀錄，其中平地部分以淡水最冷，今晨兩點四十五分出現攝氏九點五度，破了入冬以來最低溫紀錄。另外在板橋、嘉義也都出現當地入冬以來最低溫紀錄，板橋九點九度，嘉義十點三度。」

早上十點多，社辦事處發了一封簡訊給所有社友：「各位社友兄弟，跟大家報告一個不好的消息，我們的好兄弟劉大哥，今天清晨因心臟血管爆裂，送醫不治，離開了我們……」

當我看到這則簡訊時，愣住了好久好久，內心除了震驚，還是震驚！

劉大哥走了……留下了劉大嫂和五個孩子，除了老大和老二比較大外，後面三個分別是六歲、四歲……還有最小的天祐剛滿月……

終究，他沒有親口聽到兒子叫他一聲「阿爸」……

這一年，劉大哥只有四十六歲……

在死神面前，人人平等。命運總是給你出其不意、措手不及的安排，有時比電影情節還離奇，畢竟電影還是人想出來的，但命運的安排，有時是連想都想不到的！

從我父母患病、早逝的遺憾中，我學到身體健康是人生中最珍貴的事物，除了健康，什麼都是假的！所以我始終堅持不熬夜，不酗酒應酬。

或許，我會因爲不喝酒，不熬夜應酬，而少賺一些錢，但我一點都不覺得可惜。

假設我們燃燒生命後可以賺到一億，但後來卻要拿三千萬去看醫生。可悲的是，就算花了這三千萬，你的高血壓、糖尿病、心臟病，甚至癌症，還是無法根治……拄著拐杖，坐著輪椅，帶著尿袋，每天洗腎，手腳不斷顫抖，喝湯從嘴角流出……這樣還有生活品質嗎？你擁有再多財產又如何？

我寧願少賺三千萬，卻擁有健康的身體，簡單幸福的家庭，可以陪伴孩子成長，老了還能打打球，到處旅行。

這麼簡單的人生算盤，卻極少人會算……

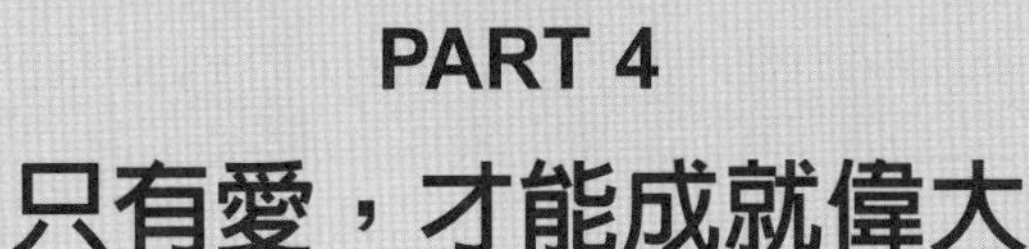

PART 4

只有愛，才能成就偉大

教育無他，唯愛與榜樣而已

文成老師正在加護病房裡和病魔搏鬥，已經裝上葉克膜了，接下來就要靠他自己的意志力……

只是一般的感冒，怎麼會演變成這麼嚴重的肺炎？前幾天在學校看起來都還滿正常的，雖然不斷咳嗽，但跟同事都還有說有笑，沒想到只是幾天的時間，病況竟然急轉直下……文成老師才不到四十歲！

有一年回母校新北市立三重高中演講時，沒有看見那個熟悉的、可愛的胖胖身影，向其他老師詢問後得知，文成老師因爲感冒引發肺炎，情況很嚴重，已經住進加護病房裡了……

記得在我高二時，老師來到我們學校教書，擔任英文老師。他在英文教學上眞的很有一套，又是補習班名師，所以教起書來，身上有著一股強烈的專業傲氣。但老師私底下卻很幽默，胖胖的身材更有些搞笑的成分，尤其跳起 popping 時，抖動的震點眞是太給力的好笑，到現在我都還記憶猶新。

老師在英文教學上非常嚴謹，不容一絲偷懶，課堂外總是關懷學生，用盡全力眞心希望把學生教好，縱使學生程度不好，他也從不放棄任何孩子！所以老師班上的孩子總是可以考到很不錯的學校。

記得有一回，學校爲著考上大學的清寒孩子的學費很是苦惱，文成老師班上也正好有幾位清寒學生，其中一位學妹考上高雄大學法律系，老師找上了我，希望我可以贊助這位清寒學妹一些獎助金。

其實，以他是我的老師的輩分，打一通電話交辦就好，在我能力範圍內，一定會照辦，慷慨解囊。

只是沒想到，一向有著專業傲氣的文成老師竟然親自帶著孩子來辦公室拜託我，這讓我嚇了一大跳！和學妹聊了一個多小時後，知道她的家境困難，我打了通電話給三重知名的郭怡君代書，由我們共同贊助這位學妹第一學期的全額學費。

讓我印象最深刻的是，當我們同意贊助學妹獎助金後，文成老師跟這位學妹說了以下一段話：「翠雯，這筆錢雖然是峰源學長給你的獎助金，但你不能以爲別人的幫助是理所當然。除了要感謝峰源學長外，你要當這筆錢是你向社會借來的，是這個社會對你的幫助。未來有一天，你一定要靠自己的力量還回這筆錢，只是還的對象不是峰源學長，而是未來需要你幫助的學弟妹，並且未來你要將同樣的想法教給他們，讓愛的力量不斷傳承下去。」

學習感恩，把愛傳下去，這就是教育！

在這次贊助的活動中，我對文成老師對於學生的付出深深感佩！因爲我知道，爲了孩子的前途要自己放下身段去請託別人，特別是請託的對象還是自己的學生，這是需要放下多大的身段和勇氣！

此外，老師除了替學生募集到最需要的獎助金外，還趁機教導學生懂得珍惜「愛」，學會感恩，並要孩子記得將「愛」不斷傳承下去，這就是教育！在孩子人生關鍵時刻給予正確的觀念、心態，產生正向影響力，就是教育期待達到的目的，我也從中感受到文成老師的用心良苦。

這就是人生，你永遠無法預測意外和明天誰會先到來。

這幾個星期以來，文成老師的感冒一直沒有好，但他以爲只是一般感冒，不以爲意，仍然盡心盡力在教學崗位上努力。誰知老師有天早上突然有些喘不過氣來，他立刻自己坐車到淡水馬偕看醫生，赫然發現，感冒已經因爲過度勞累，引發細菌感染，轉變爲肺炎了，要立刻安排住院！

經過幾天，情況一直沒有好轉，醫生決定安裝葉克膜……過了快一個星期，情況仍然沒有好轉，但因爲健保給付葉克膜只有補助七天，超過後就要自費，聽到自費一天要10萬元時，文成老師的家人一整個傻了！這讓家屬很是兩難，不救不行，但一天10萬，能撐得住嗎？能撐幾天呢？

就在家屬決定傾家蕩產也要一拚，一定要把文成老師救回來時，在當天午夜兩點半，文成老師默默地離開了……沒有讓家人爲他多花任何錢……老師走得很安詳、無病無痛地離開了……

教育無他，唯愛與榜樣而已。

文成老師走了……他留給我的是，一個讓我從心中敬佩的身影，一個讓我學習的榜樣，更是我們三重高中永遠值得懷念的回憶。

當學校的老師，從來就不是可以賺大錢的行業。有時想想，當老師還眞要有股傻勁，一種奉獻自己一輩子青春歲月教育學子的傻勁。但我認爲，透過教育，老師眞的可以改變這個社會，產生無遠弗屆的影響力，這樣一生就値得了！

在老師的告別式上，我看到一位哭得非常傷心的孩子，沒錯，就是翠雯。告別式在早上，所以她一定是坐夜車客運趕來參加告別式，默默地站在會場的角落。看到這一幕，我替文成老師感到很欣慰，相信老師在天堂裡，也深深知道沒有白教這孩子了……

「教育無他，唯愛與榜樣而已。」文成老師透過他短暫的人生完美闡釋這句話。一**個人的成功，不在賺取多少金錢，而在創造大家値得留念的回憶、提升社會正向力量。**

我們將會永遠懷念文成老師瀟灑、胖胖的可愛背影……

有情有義的領導

我很喜歡在下午工作忙完後，到王董的公司「泡茶」。一來，因爲王董的茶都是非常高級、一斤要價上萬元的好茶；二來，王董的辦公室裡，總是有來自四面八方的朋友來找他喝茶，所以到那可以認識很多厲害的老闆，聽他們講許多做生意的事情，對我幫助很大。

王董是國內知名貨運公司的董事長，帶著濃厚「道上兄弟」氣質，操著非常正統的台語，爲人重情義，所以朋友五湖四海，交友極爲廣闊。

每次我到王董公司的時候，都會看到一位和王董年紀差不多的大哥，在一樓的工廠裡，和司機大哥們聊天，或者在圍牆邊澆花、剪樹枝，或者在黃昏時餵食王董養的四隻狼狗，甚至有一次，我看到他在廚房裡烹煮一條很大的海魚。不管任何時候，我看他臉上總是笑臉迎人，但是，我始終看不出來他的工作職掌，只是覺得公司上下員工都很尊重他。

有一天，我終於鼓起勇氣問王董，那位大哥到底是做什麼的？

「那是陳仔（台語），我們公司的副總。」王董回答。

聽到「副總」這個職稱，我嚇了一大跳。在我印象中，一個這麼大公司的副總，應該如同專業經理人一般，西裝筆挺，有著深厚專業能力、管理能力的氣質才對，但眼前的這位「陳仔」副總卻非常LOCAL，更何況，我看到他每天在做的事情，一點都不像是專業經理人?!

「怎樣?你覺得很奇怪嗎?你是不是覺得我們公司這麼大，怎麼副總看起來好像不像副總，整天在和員工開講（台語）、澆花、煮菜?但講到煮菜，陳仔煮的菜眞的是有夠給他好吃的！」王董笑著說。

接著，王董才娓娓道來他和陳仔的故事。

在二十幾年前，王董退伍時，用自己全部積蓄買了一輛二手的發財車（小型貨車），一個人兼老闆、司機、業務，就這樣創業了。

但在創業初期，因爲業績還不穩定，加上二手發財車的毛病很多，賺來的錢幾乎都拿去修車了，所以根本存不到錢，甚至每個月都還虧損。爲了解決這個問題，王董決定去跟銀行貸款，買了一輛全新的發財車，才躲過了倒閉危機。

經過一年後，王董的業績逐漸穩定，但他遇到第二個大問題。因爲他只有一個人，所以接案子的是他，負責運送的也是他，當時他每天幾乎都要從台北往南開，經過屏東往台東、花蓮，到半夜才又回到台北，整整繞台灣一圈！

他發現，這樣下去業績沒辦法再往上走，身體應該也很快就搞壞了，他知道自己應該請一位員工幫忙開車送貨，但又沒有足夠的錢請人，爲這個問題很是困擾。

有一天，他找當兵同梯的好朋友陳仔到麵攤吃麵，喝點小酒，並和陳仔提起他遇到的問題。

陳仔跟他說：「你甭用煩惱啦，我以前在部隊時，是開大卡車的，如果來幫你開這小貨車，應該是藍三仔（台語：很簡單的意思）。」

「可是我沒有足夠的錢請你耶！」王董有點難爲情地說。

「×（語助詞）！我們是兄弟耶，講這樣，反正我退伍後，因爲沒讀什麼書，工作也沒有很好找，沒關係，先去幫忙，等以後有賺錢再說啦。」陳仔很豪爽地說。

「×！好，我們兄弟倆就來拚拚看。」王董也很豪爽地回答。

從那天起，陳仔就到王董那邊幫忙，王董每個月付給陳仔一分維持基本生活的薪水，由他負責對外接洽業務，陳仔負責開車，就這樣正式成立了公司。

經過幾年後，因爲王董和陳仔的努力，公司的業務蒸蒸日上，貨車一輛接著一輛買，一輛比一輛更大，公司員工越請越多人！

有一年的年終晚會上，陳仔領到的錢讓他自己嚇了一大跳，因爲比他平常的薪水高出數十倍，甚至可以在當時買一間房子！

他跑去問王董原因。

王董這時才跟他說：「其實，在公司創立的時候，我就已經在公司安排25%的股份給你，只是沒跟你講，這筆錢是公司從創立到現在累積盈餘的分紅。」

「王仔（全公司只有他敢這樣叫喔！），你這樣讓我很不好意思，我有領薪水，公司我又沒出到錢……」陳仔激動開心地流下男兒淚。

自此以後，凡是王董用公司名義的對外投資，都仍會保留25%的股份給陳仔，而且都不用陳仔出錢。

公司經營二十多年後，年營收已經突破數億元，陳仔的身價也早已突破億元！

公司規模擴大後，司機人數已達數百人，陳仔不用到第一線負責開車，而且他也沒念過什麼書，所以不會用電腦，更看不懂財務報表，但是王董並沒有因此把他排除在公司經營之外。此外，因爲他對於公司從草創到現在的客戶都很熟，對於員工也是有情有義，眞誠關懷，沒有架子，所以他的工作就是負責和客戶泡茶開講、關懷員工，其他時間就負責澆花、餵狗。加上他有一身好廚藝，所以偶爾替大家煮煮好吃的，解解饞，生活就是這麼愜意！

後來我和這位陳仔副總認識聊天後，他才跟我講另一個故事。以前他們公司有一位司機李仔，有一次開夜車送貨時，發生車禍，結果左手臂受了很嚴重的傷害，截去一段，對於身爲一家之主的李仔打擊很大，王董除了依法給予職業災害補償外，還另外給了一大筆慰問金。後來，李仔治療好了以後，沒辦法找到好工作，王董還特別把他找回來，讓他在公司做一些簡單的工作維持家計。

知道這些故事後，我對於王董的爲人就更加佩服了，對於他可以白手起家，創立這一番大事業，也就不足爲奇了。難怪他們公司的員工都是工作一、二十年以上，而且向心力超強，因爲老闆就是這麼一位有情有義的領導者。

「情義」這兩個字，在現代社會、企業經營不斷強調功利主義下，似乎有點老掉牙。身爲領導者當然可以遵循西方管理理論，只強調增加營收、降低成本，當員工沒有利用價值就資遣，公司營收降低就裁員。但我認爲，當一個有情有義的人、經營一個有情有義的企業，才是眞正有靈魂的企業領導者。

衡量你一生成就的，是有多少人真心愛你

林董是一位非常成功的紡織界企業家，一生努力的結果，全世界各地都有他的工廠，員工人數達到數萬人！

現在林董的身體狀況很不好，已經臥病在床一段時間，雖然他家財萬貫，有很多傭人服侍，但他堅持要求由子女及媳婦親自來照顧他，或許這是他唯一能感受到「親情」的方式了。

讓我印象最深刻的，有一天，林董和我在病房討論公司的事，中間休息時他喝了口水，突然拉住他二兒子的手，用很認眞但有些沉重的語氣問他：「志樑，你……愛我嗎？」

聽到這句話，不止他二兒子傻住了，在一旁的我也是目瞪口呆！瞬間，病房裡異常安靜，甚至帶有一絲絲的肅殺氛圍……

以往我觀察他們父子女間的對話，都好像碩博士班的口試一樣，每個子女的回答，無論在態度和內容上，都顯得無比的「制式」「標準」，還有一點點的「包裝」……

但這次不同，志樑愣了幾秒，好像沒有準備的學生被老師抽問一樣……

林董是何等人，在商場中闖蕩數十年的閱歷，二兒子這麼一呆愣，哪怕只有一秒鐘，那內心的全部心思都已被他窺視無遺。

林董自言自語地說：「我相信，你們都是愛我的，沒事的。」林董揮了揮手，示意讓志樑先出去外面忙。

林董對我說：「峰源，水至清則無魚，人至察則無徒。人生有些事情，知道了痛苦，不知道，也是一種幸福。」林董的眼神裡有些許落寞，這是我跟在他身邊，一起在商場上打滾多年中，從未見過的失落眼神……

「如果人生可以重來一次，我會選擇不要賺這麼多錢，我一定會好好陪伴孩子成長。雖然我是一個成功的企業家，可以管理數萬名員工，但我卻是一個失敗的父親，家庭生活的經營根本不及格。年輕時，我全心拚事業，除了拿錢回家，我從來沒有照顧過任何一個孩子，從沒有餵孩子喝過奶、換過尿布、洗過澡。小孩生病時，我在國外開會，小孩人生的每個重要時刻，像社團成果發表、畢業典禮，我幾乎沒有參加過。一轉眼，孩子全都長大了，而我也老了……當我躺在病床上，腦海裡的回憶，竟然幾乎沒有與家人相處的幸福時光，我的一生只獲得財富，但沒有『愛』，眞是失敗的人生！」

「有一天我走了，對這些孩子來說，還眞不知道是喪事，還是喜事……」林董有些黯然地、自言自語地說。

虎妞妞是我的大女兒，我永遠記得，當第一眼看見她時，我眞的相信「女兒是爸爸上輩子的情人」，非常非常感動！但不免有一些擔心，因爲長得太像我了……

在感動後的日子，可就非常「有趣」了！

記得我們「認識」的第一個晚上，台大醫院提倡「母嬰同室」，小孩從一出生後就24小時放在病房裡，這可累慘了我們夫婦！因爲小虎整夜不睡，狂哭不止，身爲新手爸爸的我，一整個被操翻了！接下來的一個星期，簡直跟煉獄一樣，日夜都是顚倒的，白天小虎狂睡，到了半夜就變身成超人特攻隊裡的「紅色小惡魔」（因爲嬰兒一哭，全身會變成紅色的），發出跟「老虎」一樣的吼叫、哭聲！這時，我平常最引以爲傲的口才一點也派不上用場……

直到去了坐月子中心，一切才似乎有好轉的跡象。在坐月子中心裡，有專人照顧，不再強迫母嬰同室，我們終於可以獲得比較充分的休息，也在這段時間內學習如何照顧小孩，包含換尿布、洗澡等。

自從小虎從坐月子中心回到家以後，我們正式從兩人世界變成一個小家庭。

以前每天清晨起床可以悠閒地吃早餐、念書，現在起床後的第一件事就是泡牛奶，餵完奶後接著送小虎去褓母家。

以前晚上可以參加各種應酬餐會或去打球、運動，現在每到了八點就要去褓母家接小虎回來。

以前假日就是和老婆約會的寶貴時間，我們特別愛看電影，現在假日卻是我們最累的時候，因爲我們要自己全天帶小虎，那眞是非常可怕的體能與精神消耗。

以前只要看到電視上介紹很棒的美食餐廳，我們夫妻就會循著地圖去享用，現在要仔細考慮餐廳的環境是否適合小虎一起去，而且也不能一同享用美食，因爲要輪流餵小虎，再彼此輪流吃，根本談不上任何浪漫的約會氣氛。

以前晚上回到家後，我們夫妻就會泡個茶、聊個天，分享彼此遇到的事情。現在得隨時盯著會「暴爬」「暴走」的小虎。好不容易等到小虎睡著了，我們夫妻倆也累癱了，什麼都不想，只想趕快睡覺補眠……

當小虎生病、發燒時，她的脾氣會比平常壞上好幾倍，加上不斷跑診所看醫生、回診，有時半夜還要送急診，所以幾乎其他事情都要放下來，什麼也做不了。

我的工作就是演講，好口才讓我的話語充滿說服力，但現在當小虎「青番」（台語）的時候，我的口才卻一點點用都沒有。當我認眞跟小虎說理時，通常她的反應就是繼續哭，一點都不給我面子，這是讓我感到最失落的！頓時體會到許多父母說過「小孩在肚子裡時，一直希望他趕快出生，等他出生以後，卻很想把他『塞回去』」。

每天早上我的工作就是帶小虎去保母家。保母家距離我們家大約五百公尺，因爲不長也不短，所以我都是推嬰兒車送她去。從我們家經過中正北路後，會經過一個由後竹圍街、頂崁街、三民街所形成的三叉路口。

早上上班時間的車流量十分驚人，加上大家都在趕時間，所以搶黃燈、闖紅燈的情況很常見，連逆向行駛也相當「流行」！此外，三民街是許多公車的必經路線，而這幾條路線的公車司機又特別愛「批車」（台語：飆車），因此這三叉路口每隔幾天就會發生大大小小的車禍。

以前我一個人經過這三叉路口時，爲了節省時間，仗著自己年輕又是運動員，紅綠燈對我來說只是「參考」用，當我判斷可以闖過馬路，就一定會闖過去，毫無懸念！

現在我推著小虎的娃娃車，一切的速度都慢了下來。每次我一推著小虎出門，她就會立刻睡著，看著她甜甜地睡，更讓我小心地推著娃娃車，不捨路面顚簸或突如其來的晃動吵醒了她。

當我經過那個三叉路口時，必須非常謹慎地看著路口所有車輛，確定淨空後，才會將娃娃車往前緩緩推進，有好幾次想要闖越馬路的衝動，但一想到手裡還推著小虎時，就會冷靜下來，乖乖等待路口淨空後再通過。因此，同樣的距離，我現在花費比以前還多上五倍的時間才能到達。

人的一生，在不同的階段會以不同的速度前進。當責任加重、加深時，必須更加謹慎地踏出每一步，也因爲如此，思慮會更加成熟、穩重、踏實、長遠。

我們的家庭生活因爲小虎的加入，眞的有許多改變……

有一天幫小虎洗完澡，小虎光溜溜地被一條大浴巾包裹住時，竟突然小聲地喊了一句：「拔比。」

這麼簡單一句話，但當我聽到時，一整個傻住了！有一種想哭的衝動、一種莫名的感動，我竟然爲了這一句「拔比」興奮得整晚沒睡！

現在小虎一歲多了，每天清晨一醒來，就會拖著心愛的小被被跑到我旁邊，抱著我撒嬌著說：「拔比，我要喝奶奶。」等我餵完奶後，她總會露出滿足的笑容，然後繼續睡懶覺。

現在我晚上回到家時，門一開，小虎會立刻從房間搖搖晃晃地走出來迎接我，不斷地笑著、喊著：「我的拔比回來了！」然後給我一個大大擁抱和親親！

每當小虎輕抱著我，在我懷裡睡著，雖然她已經十公斤重了，但我卻一點都不覺得重，這是一種難以形容的奇妙感受、一種溫馨的幸福感……

最近她已經學會把換過的尿布拿到垃圾桶丟，每當教會小虎一件小事情，我就會獲得超大的成就感。

小孩子成長的每一天，都有不同的變化，看著她一點一滴的成長，構成了我這幾年來最美好的回憶！這些回憶遠比財富珍貴，是無價的！

人的一生，不就是爲了美好回憶而活嗎？

現在的我，在事業上，不再像以前那樣不顧一切的衝動，做任何決斷前，會多花一些時間思考，雖然節奏比以前慢了些，但因爲考慮的層面更廣、更深、更周全，所以也減少許多錯誤。在待人處事上，也有更多的耐心，接受別人缺點的包容力變強了。這一切，都是小虎幫我「特訓」出來的！

兩人世界的夫妻生活當然比有小孩來的自由自在，但當有小孩加入時，整個生活改變了，改變的過程是痛苦的，會有很多不便、挑戰、壓力，但當調整心態適應後，就會發現孩子眞的是上天給我們最好的禮物，特別是孩子眞誠的笑容及撒嬌，常常會讓你感動不已！

大家都不喜歡改變現狀，其實這是假設現狀是最好的，但這只是一種假設。雖然改變的過程是痛苦的，但改變是爲了更大的責任、夢想、自我實現、幸福人生。只有當你勇於改變、挑戰改變、適應改變後，你會發現生命中的美好。

股神巴菲特有次接受專訪時，記者問他：「如何衡量自己一生的成就？」他說：

「衡量我一生成就的不是財富，而是有多少人眞心愛我，而我又眞心愛過多少人？」

這句話含義很深，不相信的話，你可以打開手機通訊錄，仔細看著每個名字，捫心自問，有多少人是打從心底眞心愛你？而你又眞心愛多少人？

你再問自己，當你像巴菲特一樣有錢時，眞心愛你的人數，是會增加，還是減少？

這樣你就會深深佩服巴菲特先生這句話，眞是一位睿智長者的智慧之言！

「愛」，不是單純來自血緣連繫的父、母、子女的「職稱」，而是全心全意的陪伴、相處、關懷，無論榮辱、無論病苦、無論災禍，不離不棄，永遠在彼此背後默默支持！

這是用再多錢都買不到的，而當你幸運的擁有「愛」時，記得，要不顧一切地緊緊抓住、珍惜、愛護它，別糟蹋它了，它沒有你想得「理所當然」「俯拾即是」，它是我們活在痛苦世界裡的唯一淨土，更是我們心靈獲得安全感、平靜的重要支持！

「在生死臨界點的時候，你會發現，任何的加班（長期熬夜等於慢性自殺），給自己太多的壓力，買房買車的需求，這些都是浮雲。如果有時間，好好陪陪你的孩子，把買車的錢給父母親買雙鞋，不要拚命去換什麼大房子，和相愛的人在一起，蝸居也幸福。」注

注：這段話是于娟女士說的，她是留美博士，復旦大學優秀青年教師，一個兩歲孩子的母親，二〇〇九年十二月罹患乳腺癌，二〇一一年四月十九日辭世，享年三十二歲。

善緣的力量無限大

惠潔姊四十多歲，澳門人，是大樓完工後的清潔工，講話操著濃濃的澳門腔調，個性很急，也很善良。從七年前開始，就跟我們家承租房子，當時我阿母還在，我還記得，當時的房租是一個月六千元。

她的個性很急，但很守信用，房租總是準時交給我阿母。她不會操作提款機，所以總要親自把錢拿給我阿母。

承租兩年左右後，有一天，她跟阿母說：「以前剛來台灣的時候，努力工作，一個月可以有差不多七、八萬的收入，但最近工作越來越少，只剩四、五萬，孩子剛上高中，要補習，澳門房子的貸款還在繳，家裡的開支降不下來。」她頓了一會，有些難以啓齒地說：「希望房東太太可以幫我降一點房租。」

阿母聽完後，想了大約半分鐘，回答她說：「沒關係，我知道你是甘苦人。不然，我給你每個月降五百元，只收你五千五百元，好不好？」惠潔姊露出微笑，連忙跟阿母道謝。

等惠潔姊走以後，我問阿母說：「為什麼要給她降房租呢？」阿母說：「這查某人嫁給歹尪，她尪愛賭到死無人（台語：指非常愛賭的意思），厝內的花用都是靠她一個人，眞是甘苦人、歹命人。我們可以幫助人家，就幫助人家一點。」

後來，阿母生病了，但知道惠潔姊現在的工作機會變得更少，經濟狀況更不好了，阿母就主動跟她說，讓她房租再降五百元，每個月只要五千元就好。

在阿母後來病況很不好的時候，時常提起對於這位房客的心疼，要我記得，以後如果可以的話，多幫她一些。當時的我沒有多想，只覺得這是出於阿母對一個甘苦人的同情與憐惜。

在阿母過世後，惠潔姊的工作變得更少了，孩子也上大學，需要更多的開支，經濟負擔更重了。唯一値得慶幸的是，她和那個愛賭到死的老公離婚了，獲得新的人生，至少不用再負擔那個沒用男人的賭債了！

有一天，她親自到我家來拜訪，跟我商量，因為小孩開學要繳學費，可否讓她的房租在下個月再一起給？雖然，這不符契約約定，但我想起阿母的交代，就答應她了。

從那天起，她的房租就再也沒有一個月交一次了，都是隔月一次交兩個月租金，理由是要繳小孩的學費、要買回澳門的機票等，但她仍然是一個守信的人，隔月的租金從未遲交過。

過幾年後，記得有一天我在台南出差，接到她一通很緊急的電話，在電話一頭的她，操著很重的澳門口音，加上帶著哽咽的語氣，讓我聽不懂她在說什麼。

還好，在她旁邊有一位女性友人把電話接了過去，跟我說：「惠潔這段時間一直有月事不斷的問題，血一直在流，剛剛醫師診斷出來有一顆大約十一公分的子宮肌瘤，要立刻動手術切除！」

「要緊嗎？」我也跟著很緊張地說。

「醫生說如果再拖個幾天，可能會有生命危險！」女性友人激動地說。

「有什麼地方需要我協助的嗎？」

「惠潔剛剛在辦住院手術時，一直擔心說，如果開刀住院的話，要花很多錢，這樣房租就繳不出來，不知道該怎麼跟你說。」

這時，我又想起阿母的交代，所以就直接回她說：「跟惠潔姊說，請她好好休息，包含她住院、出院療養不能工作的期間，所有房租我都不跟她收，讓她好好養病，不要想太多，身體才是最重要的。」

她向惠潔姊轉達我的意思後，惠潔姊激動地說：「眞的眞的很謝謝房東先生，眞的眞的很謝謝！」在電話的另一頭，我可以深刻感受到她如釋重負後流下的激動眼淚。

後來，她的手術進行得很順利，但因爲她平常的工作是很粗重的，要搬許多重物，對於動過子宮手術的她，需要較長的恢復期才能再去上班，而我也遵守我的承諾，讓她好好安心休養……

幾個月後，她打了通電話給我：「房東先生，謝謝您的幫忙，我的病好多了。」

「恭喜啊，身體還是最重要的，你盡管放心養病。」我回答說。

「原本我想說現在病差不多好了，準備要去上班了，但是，我大兒子說要我不要再工作，好好回到澳門休養，他已經畢業在社會上工作，可以賺錢養我，要我不要再爲錢的事情煩惱。」在她的語氣中有著藏不住的喜悅和欣慰。

「我懂，所以你打算要回去澳門，不在台灣工作，想要退租對吧？」

「嗯，所以特地跟房東先生說一聲，眞的很謝謝老太太和您這麼多年來的照顧。」

雖然很爲她高興，但我心中在想，如果她退租，房屋就會空租，會有一大段時間找不到房客，縱使找到後，也許不一定是好房客，可能是「奧客」！想到這些事情，心中難免有些矛盾的情緒。

突然間，她那熟悉的語調打斷了我的思緒，她說：「房東先生，我之前就有想過，如果我搬走，你的房子會空著，沒有房租收入。所以，我在這段休養的期間內，有努力幫你尋找適合的房客。找了幾個月後，我從中挑選出一個很適合的人選。他們是一對夫妻，加上一個兩歲小孩，是很單純的小家庭。先生是做車床的，人很老實。」

聽到她這麼說，我嚇了一跳，這還是第一次聽到房客主動替房東找新房客來承租房子的！更厲害的是，還幫我面試！

在惠潔姊的安排下，我和新房客見了面，果然如她所說，陳先生是個老實人，家庭單純和樂，這種房客是所有房東都夢寐以求的。於是，我們很快簽了約，新房客也在惠潔姊離開的同一天入住，房屋的交接是由他們自己完成，我都不用出面，甚至她還留下購買的所有家具、家電用品送給新房客，讓新房客充滿了感激！

在惠潔姊離開的那個晚上，她來到我家大樓樓下跟我道別。她雖然聒噪，但不擅言語，只是不斷跟我道謝，她說她眞的很喜歡台灣，因爲來台灣遇到很多貴人，特別是老太太，人眞的很善良、慈悲，只是很可惜沒有福分可以活久一點，讓我好好孝順她。

講到阿母，她的眼眶含著淚水，聽到她這麼說，我腦海裡也浮現了阿母的身影，還有她對我的叮嚀，我的眼眶也紅了。在這不捨、淡淡懷念阿母的氣氛中，我們道別了。

「阿母，我有記得你對我的交代，我沒給你漏氣。」

現在我慢慢地明白，阿母對我的交代，背後所代表的意涵就是「廣結善緣」。對於需要幫助的人，在我們能力範圍內，不吝嗇地給予幫助，不求短視近利，善緣就會像一顆種子，發芽，長大，不斷擴散，產生更多的善緣。

善緣的力量眞的是無限大！

阿母透過身教，讓我對於這句話有了更深一層的認識了。

只有愛，才能成就偉大

某天早上我來到麥當勞，點了豬肉滿福堡加蛋、熱咖啡，到二樓挑了一個可以看向窗外的位置坐了下來。沒多久，有個畫面吸引了我的注意。

一位身材高大肥胖、走起路來重心不穩、頭髮半白的中年男子，一手拿著餐盤，一手扶著欄杆走了上來。在他旁邊有著一位身材孱弱的老婦人，以雙手小心攙扶著他。這位中年男子年約四十五歲，看起來似乎有智能障礙，加上好像也有輕微肢體障礙問題，所以無法走得很穩。我沒猜錯的話，那位老婦人應該是他的母親。

他不顧旁人的眼光，大聲喊著：「媽媽，我要吃麥當勞。」

「傻小孩，不是已經點好了嗎？在你手上啊。趕快找一個位子坐下來，我們就可以來吃你最愛的麥當勞了。」老婦人有些沒好氣地說。

他們剛好挑了我旁邊的座位，坐了下來。

「媽媽，我好高興喔，麥當勞好好吃！」阿明爽快地大聲叫著。

「阿明，小聲一點，這樣會吵到別人！」老婦人用台語跟阿明說，並輕輕拉了一下他。

但效果似乎不太好，阿明越來越high，竟然開始失控大聲地唸起童謠！

「小老鼠，上燈檯，偷油吃，下不來，叫媽媽，媽不來，嘰哩咕嚕滾下來。」

老婦人很無奈，面對眾人怪異的眼光，也只能不斷跟大家道歉，好幾次自己火氣都上來了，但又忍了下去，壓抑著自己的情緒，不斷安撫阿明，希望他不要這麼high。

阿明慢慢地穩定下來，專注開心地吃著他的餐點。

這個畫面深深吸引了我，我相信，以阿明的狀況，這位媽媽必須放棄自己的人生，全心全意照顧他，直到自己生命結束。我相信，阿明是她一生不捨的牽掛。是什麼樣的力量，可以讓一個人願意放棄追逐自己想要的人生，只爲另一個人而活？

我看到了，就在我眼前，這位老婦人用她的生命奉獻給阿明，她的孩子。對，這就是答案，因爲阿明是她的孩子，就是這麼簡單，沒有其他理由，這就是偉大的母愛！

上帝很忙，所以創造了母親這個角色。

我們總是希望功成名就，希望自己的人生成就偉大，不斷學習、努力、拚戰，絕不因爲任何原因或任何人停下腳步！

你是否想過，在什麼情況下，你會願意犧牲自己，將自己的人生停了下來，只爲照顧一個人？

當命運之神捉弄了我們，讓我們的人生多了「牽掛」，讓我們的腳步停了下來，只爲了某人，我們只能選擇面對，或選擇逃避，但無論如何，我們都必須「選擇」。

阿明和他母親讓我想起，在我就讀交大研究所四年級最後一學期時，阿母的病情急轉直下。我計畫報考博士班，這樣就能繼續辦理兵役緩徵，也才能繼續在家裡照顧阿母。

很不幸地，我意外落榜了，也陷入了兩難的境界。

當時是四月份，如果我決定要碩士畢業，就必須在七月左右入伍當兵，但是如此一來，我就不能照顧阿母，以她目前非常不樂觀的狀況，我可能就再也見不到她，只能從軍隊裡奔喪了！

但如果我想要照顧阿母，依法就只有放棄碩士學位，辦理退學，再另外報考一間研究所，才能繼續辦理兵役緩徵。可是，我已經通過研究所專題發表，連碩士論文都已經快要撰寫完成，眞的要放棄辛苦了四年的心血嗎？

經過一夜的思考，我做出了一個人生的重要決定——放棄交大的碩士學位！

我只有一個母親，一個用她一生照顧、撫養我長大的母親，沒有她，我將什麼都不是。我告訴自己，我許峰源不用一個碩士學位來證明我的成功，我不靠一個碩士學位在社會上奮戰、生存，但今天我不做這樣的決定，不能照顧阿母，不能陪伴她走完人生最後一段路，讓她寂寞離開人世，我必將後悔、內疚一輩子！

從今天回首過去，我很驕傲自己做了這樣的決定，我照顧、陪伴母親，直到她安詳離開人世，她不寂寞、害怕，因爲有所有愛她的子女陪伴。

或許我的決定不是世俗眼光下正確的決定，但我對得起自己，對得起爲人子女的本分，這才是眞正的我，問心無愧的我！

成熟的人格，不是表現於賺了很多錢，不是做了很多大事業，而是懂了愛，懂得爲別人犧牲。

一個爽朗的笑聲把我的思緒拉了回來……

「媽媽，我吃飽了。」阿明大聲而滿足地笑著說。

阿明的母親細心地用濕紙巾幫吃了滿嘴的阿明擦拭乾淨。

「媽媽，我好愛你。」阿明突然給了母親一個大大的擁抱，幾乎要把她抱了起來。

這時，老婦人終於露出溫馨的微笑。

他不傻，他是我兒子。縱使明天他忘記我是誰，我仍然會牽著他的手繼續走下去……

老婦人牽著阿明的手，慢慢地走下樓，從我的視線消失……

每個人都有自己的人生夢想，希望過好日子，不想要人生受到羈絆或阻礙。但命運的安排往往和你想的不一樣，有時遇上了，也就逃不了，縱使騙自己躲避，也只是一時的，終究逃不了半夜獨自面對自己的時候！

阿明的母親不是什麼大人物，沒有賺很多錢，沒有很大的社會成就，不是世俗定義的「成功」，她只是位犧牲自己一生，照顧一個永遠無法孝養她的孩子。她用一生證明比成功更「偉大」的一件事，那就是「愛」！

因爲努力，才能達到成功。但只有愛，才能成就偉大！

不該被金錢剝奪的愛

記得多年以前，我剛開始教書時，遇到一名男學生俊廷，他家裡是非常有名的品牌服飾代理商，家境優渥。平常我和俊廷的交情很好，跟兄弟一樣，其實當年我也才十九歲，大他兩歲，所以年紀差不多，沒有任何代溝，什麼話題都可以聊。

我記得那天上午是學測成績公布的日子，進教室後，我看到俊廷的臉色很差，心情很不好。我直覺他的成績可能不理想，因此藉著中午的休息時間，約他去南陽街的小麵攤吃個飯，陪他紓解一下心情，也談一下接下來志願的選塡問題。

到了麵攤後，我詢問俊廷：「你今年是考幾級分？」

他回答：「43級分。」這個分數在高中生學測的成績來說，並不是太理想，只能考上中後段的私立大學。

我接著問：「你臉色這麼不好，是因爲在煩惱考不好塡不上好學校嗎？」

他說：「不是，是我爸媽離婚了！」

「離婚！怎麼都沒聽你說過他們感情不好？可是，既然事情發生了，你也只能接受，父母離婚一定有他們不得已的苦衷，大人的事情也不是我們小孩能管的，我們只能予以尊重。你要記得，無論如何，他們都還是最疼你的爸媽喔！」

「我爸媽很疼我，他們的感情其實也沒有什麼大問題，所以我平常也就沒有談到父母的問題。」

「既然沒有問題，何必要離婚呢？」

「因爲我爸爸要再娶一個女人，我媽媽不肯，一直哭，甚至跪下來求我爸爸，但我爸爸很堅決，媽媽受不了，所以才決定離婚。他們在離婚協議中，要求我媽媽放棄對我的監護權，並且不得再和我見面，甚至不可以在公開場合中讓其他人知道我是兒子！」

這時俊廷的眼眶都紅了，聲音也哽咽了起來。

「我因爲這件事情對爸爸很不諒解，但是，爸爸事後給我看了媽媽簽立的切結書，媽媽之所以答應了爸爸的要求，是因爲他給了她一千五百萬的支票！爸爸要我記得，媽媽因爲一千五百萬，連這樣的事情都願意答應，可見她對我的愛只值一千五百萬。在這個世界上，女人都是愛錢的，只要你有錢，很多人都會願意爲你做牛做馬！」

當時我非常驚訝，竟然爸爸會這樣教孩子：「你爸爸這樣的做法不太好，你媽媽還是很愛你，一定有不得已的苦衷，才被迫接受這樣的條件。」我不斷跟俊廷解釋。

「不，她因為錢背叛了我、拋棄了我，原來她對我的愛只值一千五百萬，我恨她！」說完，俊廷就跑著離開麵攤，我看著他離開的背影，很為他擔心，心中有股不祥的預感。

後來，俊廷可能因為學測成績不理想，加上心情大受影響，聽說他爸爸就直接安排他出國念書，因此我們就斷了連絡。

直到將近十年後有一天，我在一個偶然的機會裡，遇到當時跟俊廷也非常要好的學生志龍，我藉機向他詢問了俊廷的近況。

「俊廷回國了，在美國拿到碩士，現在好像和朋友在搞一些生技的產業。」志龍說。

「這樣很好，生技產業現在很熱門呀。」我回答說。

「屁啦！生技產業是很熱門啦，但他根本是好高騖遠，只是因為他爸爸有錢讓他一天到晚亂搞，這不知道是他第幾十次創業了，我一點都不看好他。」志龍用很不屑的語氣說。

「既然創業不順利，那為何不去一般的公司上班呢？他頂著美國的碩士學歷，應該很容易找到工作。」

「老師，你想太多了。他的架子比誰都高，每次去一家公司上班，沒幾天就會以適應不良為理由離職。所以，他爸爸才乾脆拿錢讓他創業。」

這時，志龍突然換了個調皮的語調說：「嘿嘿，他雖然事業不行，但把妹的功力可就出神入化了！女朋友是一個換過一個，而一個又比一個漂亮。只是，如果我出門也都開保時捷，相信我也辦得到啦！」

「這麼厲害！」

「但我也很不欣賞他對女人的態度啦！」

「怎麼說呢？」

「他始終認爲，女人都是用錢買得到的，只要願意花錢，任何女人都願意跟他上床，也願意爲他做任何事情。很誇張吧？更誇張的是，有一次，他認識一個小明星，交往沒幾個月，那個女生就懷孕了，然後他一直希望這女生去墮胎，但這女生不肯。後來，一直拖到六個多月後，他才請他爸爸出面，他爸爸也認爲這女生和他們家門不當、戶不對。所以，聽說他爸爸給那女生一大筆錢，要她和俊廷分手，加上其他不爲人知的手段，逼她在懷胎六個多月的情形下去墮胎！事後，他還洋洋得意地跟我們炫耀他擺平了這件事，更向我們證明金錢是萬能的！從那個時候開始，我開始瞧不起他，也就漸漸地不想和他往來了。」

金錢不應該剝奪一個孩子的母愛，不應該用來教育孩子仇恨母親，金錢更不應該用

來評斷一個人是否匹配得起某一段婚姻，金錢最不應該的是，用來剝奪一個無辜孩子的生命！

聽到這個故事，我很難過。記得當年俊廷是一個很陽光的孩子，心地也很善良，怎麼長大後會變化這麼大？仔細去研究俊廷後來個性的變化原因，不難發現這跟他的家庭教育有很深的關係，優渥的家境讓他不能忍受有絲毫不愉快的工作環境，父親對於金錢和女人的價值觀也深深地影響著俊廷的行爲。

我始終認爲，金錢的重要性是不容否認的，但是錯誤的金錢價值觀常常會扭曲一個人的思想，甚至做出許多難以挽回的遺憾。

朋友給朋友最好的禮物，是機會；子女給父母最好的禮物，是榮耀；父母給子女最好的禮物，是榜樣。

許多父母總是認爲給孩子念最好的學校，學習最好的才藝，長大後送他們出國鍍金、鍍銀，拿著漂漂亮亮的外國學歷，回國後安排最好的工作，或者直接滿足他們創業的夢想等，就是最好的教育方法了。

其實不然，眞正的教育不需要這麼多高貴的膚淺手段，只要父母作出孩子最好的榜樣，任何言行都讓孩子有學習之處，這樣的模範形象就能烙印進孩子的內心深處，潛移默化地正向影響孩子一輩子的價值觀、思想、行爲。

爲人父母者，要記得，你的任何一言一行，孩子們都看著、學著呢……

The Eurasian Publishing Group
圓神出版事業機構
用心與你對話・視野無限寬廣
方智出版社
Fine Press

http://www.booklife.com.tw reader@mail.eurasian.com.tw

自信人生 115

心的強大，才是眞正的強大

作　　者／許峰源
發 行 人／簡志忠
出 版 者／方智出版社股份有限公司
地　　址／台北市南京東路四段50號6樓之1
電　　話／(02) 2579-6600・2579-8800・2570-3939
傳　　真／(02) 2579-0338・2577-3220・2570-3636
郵撥帳號／ 13633081 方智出版社股份有限公司
總 編 輯／陳秋月
資深主編／賴良珠
專案企劃／賴真真
責任編輯／柳怡如
美術編輯／金益健
行銷企畫／吳幸芳・林心涵
印務統籌／林永潔
監　　印／高榮祥
校　　對／賴良珠
排　　版／陳采淇
經 銷 商／叩應股份有限公司
法律顧問／圓神出版事業機構法律顧問 蕭雄淋律師
印　　刷／祥峰印刷廠

2014年3月 初版
2024年6月 32刷
定價 260 元 ISBN 978-986-175-344-7

◎本書如有缺頁、破損、裝訂錯誤，請寄回本公司調換
Printed in Taiwan

你本來就應該得到生命所必須給你的一切美好！

祕密，就是過去、現在和未來的一切解答。

——《The Secret 祕密》

國家圖書館出版品預行編目資料

心的強大，才是真正的強大 / 許峰源 著.
-- 初版. -- 臺北市：方智， 2014.03
240 面；14.8×20.8公分. --（自信人生；115）
ISBN 978-986-175-344-7（平裝）
1.成功法

177.2 103000628